UNTERWEGS MIT DEINEN

Lieblingsmenschen
MÜNCHEN

W0075937

ANNE DREESBACH

emons:

Bibliografische Information der Deutschen Nationalbibliothek
Die Deutsche Nationalbibliothek verzeichnet diese Publikation
in der Deutschen Nationalbibliografie; detaillierte bibliografische
Daten sind im Internet über http://dnb.d-nb.de abrufbar.

© Fotos: Anne Dreesbach, außer: außer: S. 13: Munich Poledance; S. 19: © shutterstock/NeydtStock; S. 21/22:
SWM; S. 24 © shutterstock/NadyaEugene; S. 27: Pixabay; S. 28/29: MysteryRooms; S. 31: Jonas Haesner; S. 33:
Circulo Tanzschulen München, S. 35/36: Pixabay; S. 38: Weis(ser) Stadtvogel; S. 39: © shutterstock/Madrugada
Verde; S. 41: Maximilian Koch; S: 42/43: © shutterstock/Robert Schneider; S. 46: Pixabay; S. 48: Robert Bernhard;
S. 49: Pixabay; S. 57: Volker Derlath/BISS; S. 59: Hofreiter; S. 60/61: Hotel Augustin; S. 63: Umadum; S. 67:
HeyMinga; S. 69: © shutterstock/trabantos; S. 79: Peter Roth; S. 85: Toa Heftiba (unsplash); 87: © shutterstorck/
Antonio Guillem; S. 91: Wimmer Alm; S. 93: SWM; S. 96/97: Hamam Anatolia; S. 99/100: Tantra Jembatan;
S. 105: Haderner Bräu; S. 115: Annie Spratt (unsplash); S. 119: buntundLEBENdig; S. 121: BakeNight; S. 124:
Rolf Wiechmann; 129: Robert Coelho (unsplash); S. 133: Akademischer Gesangsverein München; S. 135/136:
Bonsaigarten München; S. 147/148: Wirtshaus am Bavariapark; S. 155/156: Schneider Bräuhaus; S. 165: DinnerHopping;
S. 172/173: Couch Club; S. 180: © shutterstock/EQRoy; S. 189: R. Haas (Creative Commons); S. 190: Volkssternwarte München; S. 195: Jazzclub Unterfahrt; S. 197: Münchner Kammerspiele; S. 203: Kleines Spiel; S. 204/205:
Weihenstephan; S. 207/208: © shutterstock/FooTToo; S. 213: Deutsches Museum; S. 215/216: Bayerische Staatsoper;
S. 223/224: Wiede-Fabrik, HC Ohl; S. 231: Kubaschewski-Bar, Vadim Kretschmer; S. 235: © shutterstock/BORJA PD;
S. 236: Autokino Aschheim; S. 238/239: Salon Pitzelberger

Gestaltungskonzept und Satz: Heike Kluge, Herdecke
Illustration: Heike Kluge, Herdecke
Umschlaggestaltung: Heike Kluge, Herdecke
Druck und Bindung: Grafisches Centrum Cuno, Calbe
Printed in Germany
ISBN 978-3-7408-0961-4

Unser Newsletter informiert Sie regelmäßig über Neues von emons:
Kostenlos bestellen unter www.emons-verlag.de

VORWORT

Von München hat ja im Grunde jeder ein klischeehaftes Bild im Kopf, egal, ob er die Stadt nun gut kennt oder niemals dort war – das Oktoberfest, der FC Bayern und die weiß-blau angehauchten Traditionen zwischen Dirndl, Bier und Weißwürsten prägen das Image der bayerischen Landeshauptstadt. Wer sich jedoch auf die Suche nach einem eigenen Bild machen möchte und dabei offen für neue oder gar unerwartete Sichtweisen ist, dem möchte ich dieses Buch ans Herz legen. Denn egal, ob Einheimischer, Tourist oder gerade eben »Zuagroaster«: Die Orte, die hier empfohlen werden, sind nicht die alltäglichen, schon zigfach besprochenen, sondern diejenigen, die sich eher etwas versteckt in der zweiten Reihe aufhalten – aber das nicht, weil sie einen Platz in der ersten Reihe nicht mit Fug und Recht verdient hätten, sondern weil sie gerade daraus ihren Charme beziehen. Um sie zu entdecken, musste und wollte ich mich auch noch einmal selbst auf Entdeckungsreise durch meine geliebte Heimatstadt begeben; die abgegrasten Orte habe ich dabei ganz bewusst links liegen gelassen, habe zahllose Menschen befragt (danke an dieser Stelle von Herzen an alle für das großzügige Teilen von echten Geheimtipps!) und mich ins Unbekannte vorgewagt. Heraus kamen auch für mich eine ganz neue Annäherung an München, eine Vielzahl von wertvollen Begegnungen und echten Aha-Momenten.

Und warum sollte man diese Orte zu zweit aufsuchen? Als Duo eine Stadt zu erobern, macht natürlich besonders viel Spaß, und zusammen mit seinem Lieblingsmenschen ist man bestimmt mutiger, abenteuerlustiger und wagt sich leichter an Neues. Und vielleicht gönnt man sich zu zweit ja auch eher die Zeit und die Muße, sich auf die Dinge voll und ganz einzulassen und sie so zu einem unvergesslichen Erlebnis zu machen. Auf eurer Entdeckungsreise durch München mit eurem Lieblingsmenschen wünsche ich euch viel Vergnügen!

Bedanken möchte ich mich außerdem von Herzen bei Lisa Okoyomo und Lukas Kessler, die bei diesem Abenteuer an meiner Seite waren, sowie bei Charlotte, Christina, Steffi, Victoria und bei Laura.

FAHREN SIE GAR NICHT ERST WOANDERS HIN,

ICH SAGE IHNEN,

ES GEHT NICHTS ÜBER MÜNCHEN.

(ERNEST HEMINGWAY, US-AMERIKANISCHER SCHRIFTSTELLER)

BAYERISCHE BROTZEIT BASICS LERNEN

Wer so viel an der frischen Luft ist, kann sich nach einem anstrengenden Tag gemütlich in den Biergarten setzen. Das Schöne ist: Bier gibt es zu kaufen, Brotzeit darf man selbst mitbringen. Einmalig! Hier eine kleine Packliste der Brotzeit-Klassiker – auf Bayerisch mit Erklärung!

➤➤ **Radi** – in hauchdünne Scheiben geschnittener Rettich; wird nur leicht gesalzen

➤➤ **Obatzda** – beinahe legendäre Käsecreme aus Camembert, Paprikapulver und sehr viel Butter

➤➤ **Brezen** – in die typische Form geschwungenes, knuspriges Laugengebäck

➤➤ **Wurschtsalat** – Stadtwurst, rote Zwiebeln, Essiggurkerln und Öl bilden die Grundlage dieses nicht vegetarischen Salates

➤➤ **Essigknödel** – Knödel vom Vortag, in Scheiben geschnitten und mit Zwiebeln, Essig und Öl mariniert

➤➤ **Griebenschmalz** – Rückenfett vom Schwein vermengt mit klein geschnittenen Äpfeln, Majoran undZwiebeln

➤➤ **Bauernbrot** – am besten aus der Bäckerei des Vertrauens

➤➤ **Koida Bratn** – Schweinsbraten vom Vortag, dünn aufgeschnitten, am leckersten mit Meerrettich

TIPP

INHALTSVERZEICHNIS
MÜNCHEN

GEMEINSAM AKTIV SEIN

ARM IN ARM DIE STADT ERKUNDEN

MITEINANDER ENTSPANNEN

ZUSAMMEN KREATIV WERDEN

KÖSTLICHKEITEN TEILEN

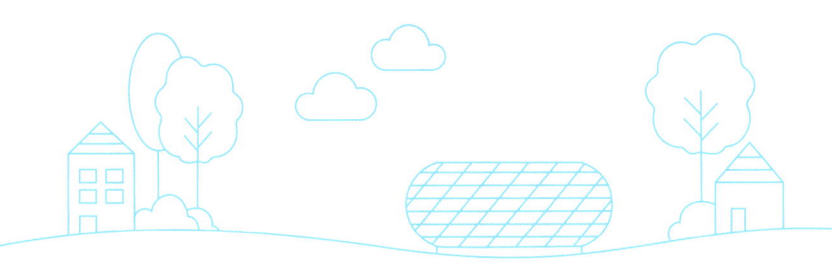

SEITE AN SEITE KULTUR ERLEBEN

MIT DEM LIEBLINGSMENSCHEN

*Gemeinsam
aktiv sein*

ÄSTHETISCH TANZEN AN DER STANGE
MUNICH POLEDANCE

Leonrodplatz 2, 80636 München
www.munich-poledance.de
ÖPNV: Haltestelle Leonrodplatz

Schon vor über zehn Jahren eröffnete Alexandra Hempel das Studio Munich Poledance, das inzwischen die dort lange Jahre als Trainerin tätige Isabel Cathrin Krull übernommen hat. Beim Poledance sind all diejenigen richtig, die mal etwas anderes probieren möchten, gern tanzen und mal abschalten wollen. Und natürlich Menschen, die lernen wollen, sich ästhetisch zu bewegen und sich dabei sexy zu fühlen. Die Kursstunden beginnen mit Aufwärmen, dann folgen Stretching-Übungen, und schließlich wird die Choreografie einstudiert. Trainiert wird in normalen Klamotten. Männer sind übrigens auch willkommen.

Selbst wenn der Gedanke, sich an der Stange zu bewegen, zunächst nach Rotlichtmilieu klingt, sollte man diese Vorurteile schnell vergessen, denn es macht richtig viel Spaß und trainiert jeden einzelnen Muskel im Körper. Bei Munich Poledance werden auch Mädelspartys angeboten, das heißt, ihr könnt mit euren besten Freundinnen dort einen Abend buchen und ganz unter euch den Tanz an der Stange lernen. Vielleicht möchtet ihr auch im Rahmen eines Junggesellinnenabschieds ein einzigartiges Event planen, dann seid ihr hier genau richtig. Natürlich werden auch Schnupperkurse angeboten, damit man in Ruhe ausprobieren kann, ob Poledance das Richtige für einen ist. Auch Aerial Hoop und Aerial Silk sind Teil des Kursprogramms und ermöglichen euch das tänzerisch-akrobatische Fliegen in der Luft. Oder traut ihr euch an einen Lapdance- oder Striptaseekurs, wo man eine besondere Art der Verführungskünste lernt? Probiert es aus!

EINEN OLD-SCHOOL-SOMMER VERBRINGEN
UNGERERBAD

Traubestraße 3, 80805 München
www.swm.de
ÖPNV: Haltestelle Nordfriedhof

Die Luft ist heiß, die Sonne scheint gnadenlos, der Asphalt glüht, und die engen Gassen speichern die Hitze: München liegt zwar nicht am Mittelmeer – die oft als »nördlichste Stadt Italiens« betitelte Stadt kann es aber an manchen Sommertagen ganz leicht mit ihren mediterranen Schwestern aufnehmen. Zum Glück ist München mit einigen schönen Freibädern ausgestattet. Seit circa 1900 können die Schwabinger, aber auch alle anderen Menschen im Ungererbad schwimmen. Die Becken sind zwar modernisiert, trotzdem schwebt der Geist vergangener Tage über diesem schönen Schwimmbad.

Old-school kann man sich vom Sprungturm stürzen, die Kreisrutsche hinabgleiten und sich mit Blick auf die Highlight Tower sonnen – einen Liegestuhl kriegt man für drei Euro geliehen. Oder man zieht seine Bahnen in einem der Becken. Schwimmen ist nicht nur gut für die Muskeln und Gelenke, sondern auch für die Kondition. Ein echter Allrounder also, und man braucht dafür nur Badeklamotten! Werden bei der Kombination aus Chlorgeruch und Pommes frites, bei fröhlichem Kindergeschrei und von Wespen kontrollierten Mülleimern nicht die schönsten Erinnerungen an längst vergangene Zeiten geweckt? Wenn euch das nicht sportlich genug ist, könnt ihr auf eine andere Sommeraktivität ausweichen. Für eine klassische Tischtennis-Partie braucht man nur einen Gegenspieler, einen Ball, zwei Schläger – und natürlich eine Platte. Die findet ihr – neben denen in den Freibädern – in der ganzen Stadt verteilt. Schnappt euch die Kellen und Aufschlag!

ZU ZWEIT
ALLE NEUNE UMHAUEN
ZUR SCHWALBE

Schwanthalerstraße 149, 80339 München
www.zurschwalbe.com
ÖPNV: Haltestelle Schwanthalerhöhe

Ein Kickertisch, die Dartscheibe oder Flipperautomaten sind allseits beliebte Gimmicks, um den Abend in der Kneipe noch spannender zu machen. Wer mit seinem Spielpartner im Bereich Kneipensport aber in größeren Dimensionen denken möchte, der sollte sich auf der Kegelbahn in der Schwalbe einmieten und gemeinsam die (noch!) stehenden Kegel das Fürchten lehren. Was gibt es Schöneres, als die Kugel mit Wucht auf die Bahn zu bringen? Besonders lustig wird es dann, wenn sie mit steigendem Bierkonsum immer mehr ins Schlingern gerät und weniger Kegel fallen. Aber hier geht es nicht ums Gewinnen, sondern um den gemeinsamen Spaß.

Das Wirtshaus im Münchner Westend kann aber nicht nur mit einer wunderschön nostalgischen Kegelbahn punkten – hier gibt es auch richtig leckeres Essen: Beispielsweise sind die Rahmfleckerl genauso zu empfehlen wie das Schnitzel mit Kartoffelvogerlsalat oder die Salate und Vorspeisenvariationen. Und das alles zu fairen Preisen, die man in München eher selten findet. Also kann der Abend gern mal etwas ausarten und das ein oder andere Bier mehr auf der Rechnung landen. Eine Wohltat für den Geldbeutel ist der wechselnde Mittagstisch; die aktuellen Angebote findet man auf der Homepage oder ganz analog angeschrieben auf der Tafel. Im Sommer empfiehlt es sich, vor oder nach dem Kegeln oder auch einfach nur so im Biergarten Platz zu nehmen und dort zu speisen und zu trinken, denn im Hinterhof des Gebäudes sitzt man in besonders lauschiger Atmosphäre.

TANGO TANZEN AUF DEM KÖNIGSPLATZ

GLYPTOTHEK

Königsplatz 3, 80333 München
www.tango-am-koenigsplatz.de
ÖPNV: Haltestelle Königsplatz

Früher gehörten Standardtänze schon fast zur Allgemeinbildung. Heute beherrscht kaum noch einer die Grundkenntnisse des Walzers, Foxtrotts oder Quicksteps. Dabei gibt es in München unzählige Möglichkeiten, die verschiedensten Tanzarten zu erlernen. Wie wäre es zum Beispiel mit einem der beliebtesten Paartänze, dem Tango Argentino? Der entstand aus Arbeitslosigkeit und Armut, mit denen sich Einwanderer in den fünfziger Jahren in Argentinien konfrontiert sahen. Er diente als Ausdruck ihres Elends und ihrer Wehmut, aber auch ihrer Leidenschaft und Widerstandskraft. Von Buenos Aires aus hat der Tanz sich mittlerweile in der ganzen Welt verbreitet. Es handelt sich um einen besonders anspruchsvollen Paartanz, denn hier gilt es vor allem, sich auf seinen Partner abzustimmen und auf ihn einzugehen. Dies fordert Sensibilität und Aufmerksamkeit; im Gegenzug ist es eine ideale Gelegenheit, sich näherzukommen und verbunden zu fühlen.

Beim Open Air Tango am Königsplatz könnt ihr das Gelernte dann gleich in die Praxis umsetzen. Hier wird bei schönem Wetter unter freiem Himmel und in völlig ungezwungener Atmosphäre bis in die Nacht getanzt. Zuschauen ist natürlich erlaubt – Mittanzen aber herzlichst erwünscht. Auf Anfrage gibt es auch Einzel- und Gruppenunterricht. Mit wechselnden DJs, Orchestern und Musikern ist jeder Abend ein einzigartiges Highlight. Ab Mai 2021 wird hier im Schein des Laternenlichts vor den Füßen der Glyptothek wieder übers Parkett gefegt!

DEN SCHWEINEHUND ÜBERWINDEN
OLYMPIA-SCHWIMMHALLE

Coubertinplatz 1, 80809 München
www.swm.de
ÖPNV: Haltestelle Olympiazentrum

Das Olympiagelände und die sich dort befindenden Gebäude wurden für die Olympischen Spiele 1972 in München erbaut. Es gibt hier das Olympiastadion, das die größte Bühne für Open-Air-Konzerte in München ist, die Olympiahalle, die kleine Olympiahalle, die Olympia-Schwimmhalle und das Olympia-Eissportzentrum, dazu eine Tennisanlage, das Radstadion, die Werner-von-Linde-Halle und natürlich den Olympiaturm. Im Park gibt es den Olympiaberg, den Olympiasee, die Seebühne, das Theatron und das Carillon. Das Stuttgarter Architekturbüro Behnisch & Partner hatte das Gesamtkonzept entwickelt, und zahlreiche Architekturfans aus der ganzen Welt besuchen heute noch dieses Arial, das für die Zeit absolut ungewöhnlich und wegweisend war. Besonders eindrucksvoll ist die Olympiazelt-Dachkonstruktion, die die Schwimmhalle, die Olympiahalle und Teile des Stadions überspannt. Sie ist beeindruckende 72.800 Quadratmeter groß, und es werden sogar Führungen angeboten, bei denen man über dieses Zeltdach laufen kann, oder, für die Wagemutigeren, eine Tour, bei der man sich von über 40 Metern abseilen kann.

Die Münchner lieben den Olympiapark, denn kaum irgendwo sonst in der Stadt hat man so unterschiedliche Möglichkeiten für die Freizeitgestaltung: Auf den 160 Hektar Grünfläche des Olympiaparks lässt es sich nicht nur in idyllischer Atmosphäre spazieren oder joggen gehen, denn die Anlage bietet eine Menge anderer Möglichkeiten, gemeinsam aktiv zu werden – und das sogar bei einem Date! Das Tretbootfahren

auf dem Olympiasee verbindet Konditionstraining und Aufbau der Beinmuskulatur mit romantischer Zweisamkeit und der Aussicht auf tiefsinnige Gespräche. Von hier aus bekommt man auch einen tollen Blick auf das Gelände und seine Sehenswürdigkeiten. Wenn ihr erst einmal ins Schwitzen gekommen seid, lohnt es sich, der Olympia-Schwimmhalle einen Besuch abzustatten. Vor Kurzem erst renoviert punktet der Indoor-Pool vor allem als historisches und architektonisches Highlight Münchens. In dem 50 Meter langen Wettkampfbecken könnt ihr eure Bahnen ziehen oder euch gegenseitig zum Wettschwimmen herausfordern. Vom Sprungturm aus könnt ihr euch aus einem, drei, fünf oder zehn Metern ins Wasser stürzen. Der Adrenalin-Kick ist euch dabei sicher! Aber bitte Vorsicht: Vom 10-Meter-Brett sollte sich wirklich nur wagen, wer sich seiner Sache sicher ist! Und bedenkt auch, dass ihr viele Zuschauer habt, man will vielleicht nicht vor aller Augen den Sprungturm wieder hinunterklettern, anstatt zu springen, weil man sich dann doch nicht traut. Ganz sicher nicht zumindest, wenn man jemanden dabeihat, den man vielleicht beeindrucken möchte. Über das Sprungbecken könnt ihr außerdem auf einer Slackline über das Wasser balancieren.

Bei so viel Abenteuer dürfen Entspannung und Wellness natürlich nicht zu kurz kommen: In der Saunalandschaft findet ihr sowohl eine Inspirationssauna als auch je eine Fitness-Sauna drinnen und draußen. Um die Abwehrkräfte zu stärken, empfiehlt sich ein anschließender Besuch in der Schneekabine, wo man sich mit Schnee abkühlen kann, bevor es wieder nach draußen geht. Zur Beruhigung erklimmt doch anschließend gemeinsam den Olympiaberg und beobachtet von dort den Sonnenuntergang!

SELBST ZUM OLYMPIONIKEN WERDEN

Die sich durch die weichen Hügel des Olympiaparks schlingenden Wege regen definitiv dazu an, hier einmal hindurchzujoggen. Es macht überhaupt nichts aus, wenn man ein blutiger Anfänger ist. Denn der menschliche Körper ist an sich wie dafür gemacht, zu laufen. Noch unvorstellbar?

Der wichtigste Tipp: Wähle einen Trainingspartner! Das hat einige Vorteile; mal ist zum Beispiel die eine motivierter, mal der andere. So kann man sich immer wieder gegenseitig überzeugen, dass heute der richtige Tag ist, einen kleinen Lauf zu starten. Zum anderen muss man auch immer an den Tag danach denken! Denn allein Muskelkater zu haben, macht nur halb so viel Spaß, wie gemeinsam bei jedem Schritt zu ächzen.

Auch weitere Nach-dem-Sport-Aktivitäten wie Sauna, eine Massage oder ein zweites Stück Kuchen machen mit dem Leidensgenossen richtig viel Freude. Auch kann man supergut zusammen neue, schicke Sportklamotten kaufen – das ist ja für erfolgreiche Jogger das A und O! Aber Spaß bei Seite: Gemeinsam mit dem Laufen zu beginnen, ist wirklich super: Wenn man noch miteinander ratschen kann, ist es nämlich genau das richtige Tempo, um auch als Anfänger lange durchzuhalten.

TIPP

SCHLITTSCHUH LAUFEN AUF DEM NYMPHENBURGER KANAL

SCHLOSS NYMPHENBURG

Schloss Nymphenburg 1, 80638 München
www.schloss-nymphenburg.de
ÖPNV: Haltestelle Schloss Nymphenburg

Gibt es etwas Schöneres, als bei romantischer Musik übers Eis zu gleiten? Und waren wir nicht alle in unserer Kindheit begeisterte Schlittschuhfahrer? Wenn ja, dann wird es höchste Zeit, sich diesem lustvollen Gefühl endlich einmal wieder hinzugeben. Und wenn nein,

dann ist es nie zu spät, sich auf die Kufen zu wagen, denn Schlittschuhlaufen ist wahrhaft ein Sport für jedermann! Sei es im malerischen Schlosspark Nymphenburg oder auf dem Nymphenburger Kanal; wenn es klirrend kalt ist und die Wasserwege zugefroren sind, verwandelt sich hier die Szenerie in ein Eldorado des nostalgischen Wintersports. Man kann sich sogar Schlittschuhe leihen, und es gibt immer mal wieder ein Standl, an dem man wärmende Getränke wie Glühwein oder Sekt trinken kann.

Der Blick auf das Schloss ist an einem sonnigen Wintertag unglaublich betörend! Und wenn es nicht kalt genug ist, geht es ins Prinzregentenstadion: Für jeden Geschmack lässt sich hier das richtige Eislauffeld finden. Das »Prinze« ist immerhin die älteste Kunsteisbahn Süddeutschlands. Der Kiosk hat kleine Snacks und Heißgetränke parat, und richtig gute griechische Küche gibt es im Restaurant Aquamarin und dazu einen fantastischen Blick auf das Eisstadion. Aber bitte erst nach dem Laufen! Das Prinze bietet übrigens auch das Kombi-Ticket »Eis und heiß« an, damit kann man nach dem Eislaufen noch direkt in die 1.300 Quadratmeter große Saunalandschaft gehen.

BILLARD SPIELEN IN SCHWABING

SCHELLING-SALON

Schellingstraße 54, 80799 München
www.schelling-salon.de
ÖPNV: Haltestelle Schellingstraße

Wenn euch der Sinn nach authentischer Münchner Küche steht, seid ihr beim Schelling-Salon an der richtigen Adresse. Wer in München zu Hause ist, der hat bestimmt von dem gemütlichen Wirtshaus im Herzen Schwabings gehört. Denn der Schelling-Salon kann nicht nur mit zünftig-bayerischem Essen punkten, sondern rühmt sich mit seinem Fokus auf »Sport und Spiel in gutbürgerlicher Atmosphäre«. Hier könnt ihr euch Brett-, Würfel- und Kartenspiele ausleihen und bei einer Partie Schach, Backgammon oder Schafkopf gemeinsam knobeln und gewinnen. Etwas sportlicher geht es im Tennisraum der Wirtschaft mitsamt seinen Tischtennisplatten zu.

Für Fußballbegeisterte, die außerhalb der Saison nicht auf Fußball verzichten wollen, gibt es einen Raum mit Kickertischen. Bekannt ist der Schelling-Salon allerdings an erster Stelle für seine Poolbillard-Tische und kann sich sogar stolz Münchens ältestes Wiener Café-Restaurant mit Billard nennen – und das seit 1872. Im Schellingsurium, dem hauseigenen Museum, das 1992 eröffnet wurde, dreht sich alles um die Geschichte des jahrtausendealten Sports. Anhand von kuriosen Raritäten, wie einem über 200 Jahre alten Billardtisch aus polnischem Adelsbesitz, begibt man sich auf eine Reise in die Vergangenheit des Billards. Die fast 150-jährige Geschichte des Schelling-Salons ist aber genauso spannend. Viele namhafte Persönlichkeiten verkehrten hier, darunter Theodor Heuss, Franz Josef Strauß, Lenin und Bertolt Brecht. Hier speist man also in geschichtsträchtiger Atmosphäre!

GEMEINSAM AUSBRECHEN

MYSTERYROOMS MÜNCHEN

Müllerstraße 54, 80469 München
www.mystery-rooms.com
ÖPNV: Haltestelle Sendlinger Tor

Seit Jahren kommt man nicht um sie herum: Live Escape Rooms! Kaum ein Geburtstag oder Firmenevent kommt ohne das spaßige Rätseln in der Gruppe aus. Wem das Konzept nicht geläufig ist: Man lässt sich – und das ganz freiwillig – in einen Raum einschließen und muss versuchen, innerhalb der vorgeschriebenen Zeit wieder herauszukommen, indem man haufenweise Rätsel löst, um an den Türcode zu kommen. Die Aufgaben sind oft in den Kontext einer Geschichte eingebettet und die Räume dementsprechend eingerichtet, damit man sich in die Situation hineinversetzen kann. Keine Sorge, wenn ihr es nicht schaffen solltet, werdet ihr nach Ablauf der Spielzeit wieder befreit!

Natürlich sind die meisten dieser Räume für mehrere Teilnehmer konzipiert – allerdings gibt es einige, die auch für Paare ausgelegt sind. Wie die Räume bei den MysteryRooms: »Der Puppenspieler«, »Das Geheimnis des Captains« oder »Flucht aus der Anstalt« – klingt schaurig! Eine Herausforderung beim Rätseln zu zweit ist, dass man sich nicht darauf verlassen kann, dass einer der zahlreichen Teilnehmer die Initiative ergreift – hier müssen beide Spieler mitdenken, sonst funktioniert das Ganze nicht! Aber was in der großen Gruppe die Bindung stärkt, wird auch eine positive Wirkung auf eine Zweierbeziehung haben. Also fragt eine Freundin, eure Flamme oder die schrille Tante, die vor nichts zurückschreckt, und wagt euch in die Tiefen der mysteriösen Verstrickungen, kombiniert Hinweise und dechiffriert Codes, um eure Freiheit wiederzuerlangen!

DIE MUSIKALISCHE VARIANTE VON PINGPONG SPIELEN
IMPORT EXPORT

TurnTableTennis, Schwere Reiter Straße 2h, 80636 München
www.import-export.cc
ÖPNV: Haltestelle Leonrodplatz

Das Oberwiesenfeld hat eine bewegte Geschichte hinter sich. Einst war dort der große Exerzierplatz der Königlich Bayerischen Armee und in der Zeit des NS-Regimes der städtische Militärflughafen Münchens. Nach dem Krieg sammelte man dort den Schutt der zerstörten Stadt. Im Zuge des Zuschlags für die 1972 stattfindenden 20. Olympischen Spiele entstand – auf den Trümmern des Krieges – ein einzigartiger Park, was eine Wandlung für das Gelände einleitete. Nicht nur die Freifläche, auch die Kasernengebäude wurden zweckentfremdet und Großartiges geschaffen. Es entstand das Kreativquartier München. In einer Stadt, in der zugekaufte, etablierte Kunst dominiert und ein Mangel an Platz herrscht, ist diese Fläche ein Kleinod an schöpferischer Kraft. Und die TurnTableTennis-Veranstaltung im Import Export ist das gelebte Vorbild dessen.

Das Konzept, das Katharina Ahrendt und Jonas Haesner vor zwei Jahren konzipierten, ist einfach – und deshalb so genial: Es wird Musik gemacht und Tischtennis gespielt. Jeder kann seine eigenen Platten oder CDs mitbringen und abwechselnd mit den anderen Partybesuchern Übergänge zaubern. Open Decks nennt man diese Art von Show. Empfehlenswert ist das für gerade beginnende DJs, die sich vor ein Publikum wagen möchten. Aber natürlich sind auch die Etablierten willkommen. Und Tischtennis kennt man, das macht immer Spaß – vor allem, wenn man es mit seiner Lieblingsperson spielt und gerade das Lieblingslied im Hintergrund läuft.

EIN FEST! KIZOMBA LERNEN

CIRCULO TANZSCHULEN

Rosenheimer Straße 139, 81671 München
www.circulo.de
ÖPNV: Haltestelle München Ost

Hinter dem Wort Kizomba verbergen sich wunderbare Musik und ein inniger Tanz. Es stammt aus der Sprache des Kimbundu und bedeutet: Fest, Spielerei, Tanz. Kimbundu ist eine der vielen Sprachen, die die Einheimischen in Angola sprechen – und welcher Name könnte besser zu einem lustvollen Tanz passen? Wie der Begriff stammt auch der Tanz Kizomba ursprünglich aus Angola und entstand in den achtziger und frühen neunziger Jahren. Er ist eine Kombination aus afrikanischen Rhythmen und moderner europäischer Musik. Kizomba ist ein sinnlicher Tanz, bei dem der Oberkörper regungslos bleibt, während der Unterkörper bewegt wird. Kizomba-Musik kann unterschiedlich klingen, die Texte sind meist in Portugiesisch verfasst, der Amtssprache in Angola.

Wer also Sinnlichkeit ins Beziehungsleben bringen möchte, dem kann nur wärmstens ein Kizomba-Kurs empfohlen werden – und zwar am besten in der Tanzschule CIRCULO am Ostbahnhof. Um erst einmal vorsichtig an die Sache heranzugehen, kann eine Schnupperstunde für zehn Euro belegt werden. Wem das Ganze gefällt, der kann sich zu einem Kurs anmelden. Jeden Dienstag findet eine Salsa-Party statt, und hier besteht die Möglichkeit, das im Kurs Erlernte zu üben und sicherer zu werden. Zählt man dann zu den fortgeschrittenen Tänzern, kann man am Kizomba-Club teilnehmen, in dem weiter mit dem Lehrer an neuen Figuren, dem Rhythmus und Tricks gearbeitet wird. Höhepunkt der Kizomba-Saison in München ist das Sensual Festival: drei Tage mit 38 Workshops und 600 Gästen!

SCHWAMMERL SUCHEN IM PERLACHER FORST

HARLACHINGER JAGDSCHLÖSSL

Geiselgasteigstraße 153, 81545 München
www.harlachinger-jagdschloessl.de
ÖPNV: Haltestelle Klinikum Harlaching

Beim Thema Schwammerlsuchen denkt vielleicht der ein oder andere an seine Großmutter oder an seinen Großvater. Wenn die alten Leute früher übers Schwammerlsuchen gesprochen haben, klang es immer ein bisschen so, als sei von einer Geheimwissenschaft die Rede. Wo sind die besten Plätze? Wann genau sollte man gehen? Wer war am erfolgreichsten? Keine Frage, Schwammerlsuchen ist ein köstliches Vergnügen – auch wenn man kein Profi ist. Pilzsaison ist im September und im Oktober, aber auch im Frühjahr kann man so manch leckeren Schwammerl finden. Im Grunde ist nicht die Jahreszeit entscheidend, sondern das Wetter: Schwammerl mögen Feuchtigkeit und Wärme, eine gute Mischung aus Sonne und Regen. Ideal wäre also ein warmer und sonniger Spätsommertag, der auf einige Tage Regen folgt.

Jeder Sammler sollte unbedingt ein gutes Pilzbuch dabeihaben; heute gibt es natürlich auch Apps, die die Bestimmung von Pilzen leichter machen. Als Jagdareal möchte ich euch den Perlacher Forst ans Herz legen. Der Perlacher Forst ist ein riesiger Wald direkt vor der Stadtgrenze Münchens. Gleich hinter Harlaching/Obergiesing beginnt östlich der Isar dieser Wald, der mit kleinen Unterbrechungen bis weit hinter Grünwald hinaus reicht. Die Wege, die den Wald geometrisch durchziehen, lassen einen vielleicht glauben, dass es sich hier um langweilige Gleichförmigkeit handelt. Doch die Pilze stören sich nicht daran, und darüber hinaus gibt es auch noch den Aussichtsberg Perlacher Mugl zu besichtigen: Er ragt bis über die Wipfel des

Waldes hinaus, und man kann von ihm aus bei gutem Wetter die bayerischen Alpen sehen. In der Mitte des Forsts gibt es ein Biotop, in welchem heimische Amphibien hausen. In den zwei Teichen leben im Frühling Kaulquappen, im Sommer gibt es hier ein Froschkonzert, das von verschiedenen Fröschen und Kröten veranstaltet wird. Außerdem finden sich hier Molche, und wer genau hinsieht, kann eine Ringelnatter erspähen. Diejenigen, die mehr über das Biotop wissen möchten, können sich auf zwei Schautafeln darüber informieren. Auf der Wiese befinden sich auch einige Bänke unter den großen Bäumen, hier kann man sehr schön eine Pause einlegen. Und an einem Brunnen kann man seine Trinkflasche mit bestem Trinkwasser auffüllen. Außerdem begegnet man im Perlacher Forst nur wenigen Menschen, und so kann man sich ganz auf die Pilzsuche konzentrieren.

Wer Fragen zu seinen Schwammerlfunden hat, kann sich beim Verein für Pilzkunde schlaumachen. Den Verein für Pilzkunde München e. V. gibt es schon seit über 100 Jahren: Er wurde 1916 gegründet. Der Verein bietet Wanderungen, Pilzausstellungen, Vorträge, Kurse und eben die Pilzberatung an. Immer montags erklären die Pilzberater im Münchner Rathaus und im Rathaus in Pasing, worum es sich bei den mitgebrachten Schwammerln handelt, und warnen einen, wenn sich Giftiges oder Ungenießbares ins Sammelgut verirrt hat. Das macht außerdem Spaß, und man kann dabei richtig was lernen! Wer kein Glück beim Schwammerlsuchen hatte, kann auf dem Viktualienmarkt welche kaufen. Bitte nicht frustriert sein: Auch echte Profis kehren manchmal ohne Beute wieder heim. Oder ihr kehrt im Harlachinger Jagdschlössl ein: Dort gibt es dann sicher essbare Schwammerl!

MIT DEM LIEBLINGSMENSCHEN

*Arm in Arm
die Stadt erkunden*

MIT DEM NACHTWÄCHTER DURCH MÜNCHEN STREIFEN

NACHTWÄCHTER-TOUR

Treffpunkt: Mariensäule auf dem Marienplatz, 80331 München
www.stadtvogel.de
ÖPNV: Haltestelle Marienplatz

München bei Nacht – da denken die meisten Menschen in erster Linie an Barleben und Clubatmosphäre. Wenn euch aber der Sinn einmal nach etwas Ruhigerem steht, dann entdeckt die nächtliche Münchner Altstadt einfach bei einer Tour der ganz besonderen Art: Sobald die Sonne hinter dem Horizont verschwindet, schlägt die Stunde des Nachtwächters. Unscheinbar, ja fast unsichtbar, streift er durch Münchens Hinterhöfe und Gassen. Früher sorgte er für Ruhe und Ordnung innerhalb der Stadttore.

Auch heutzutage begibt der Nachtwächter sich auf seinen Streifzug und hat es sich zur Aufgabe gemacht, sowohl interessierten Touristen als auch echten Münchnern die Stadt von einer anderen Seite zu zeigen. Von jeher bewegen sie sich auf stillen Sohlen durch die Altstadt, immer auf der Suche nach umtriebigem Gesindel und zwielichtigen Gestalten. Über die Jahre haben sich die Nachtwächter des Weis(s)en Stadtvogels so ein Repertoire an unheimlichen, aber auch lustigen Geschichten angeeignet, die sie gern an wissbegierige Menschen weitergeben. Vom Marienplatz aus begebt ihr euch auf eine Tour durch die jahrhunderte-alte Stadt. Lasst euch verzaubern von Mythen vom Erbsenzähler des Alten Rathauses, vom Waller im Walchensee und von der Jungfrau und dem goldenen Ringlein und entdeckt magische Orte wie etwa die Hundskugel oder das Zeughaus. Zum Abschied singen die Wächter ein Ständchen, dann verschwinden sie in die Nacht …

GONDEL FAHREN
WIE IN VENEDIG
GONDEL NYMPHENBURG

Nymphenburger Straße 26, 80335 München
www.gondel-nymphenburg.de
ÖPNV: Haltestelle Schloss Nymphenburg

Sanfte Wellenbewegungen, der tiefe Bariton des Gondolieres und das angenehme Kitzeln der Sonnenstrahlen – ein Traum, der leider über 500 Kilometer südlich und bis zu sechs Stunden Autofahrt von München entfernt liegt. Falsch! Dieses authentisch venezianische Erlebnis befindet sich quasi direkt vor der Haustür. Von Ostern bis Mitte Oktober, von Freitag bis Sonntag, zwischen 11 und 18 Uhr kann man auf dem Mittelkanal im Schlosspark Nymphenburg eine entspannende Gondelfahrt genießen. Bereits vor über 400 Jahren ließ sich der bayerische Adel auf echten venezianischen Gondeln durch den Schlosspark treiben.

Wer sich also wie ein Gast einer barocken Hofgesellschaft fühlen möchte, für den ist dieses Erlebnis unabdingbar. Mit einer wunderbaren Aussicht auf das Schloss und umringt vom saftigen Grün der Schlossanlage wird die 30-minütige Gondelfahrt zum Höhepunkt des Besuchs in Nymphenburg. Auch für Momente intimer Zweisamkeit eignet sich die Fahrt wunderbar; so kann man die Gondel zum Beispiel buchen, um seinem Herzensmenschen einen unvergesslichen Heiratsantrag zu machen. Doch nicht nur wegen der Gondelfahrt lohnt sich der Besuch der Anlagen. Wenn ihr schon einmal vor Ort seid, dann lohnt sich auch eine Führung durch das Schloss Nymphenburg selbst (hier wurde König Ludwig II. geboren) und anschließend ein Spaziergang durch den Schlosspark mit den Lustschlösschen Amalienburg, Badenburg und Pagodenburg.

BÄUME ERKUNDEN

STÄDTISCHE BAUMSCHULE LAIM

Willibaldstraße 70, 80689 München
ÖPNV: Haltestelle Lohensteinstraße

Baumschulen kennt man meist aus zwei Gründen: weil einem beim Vorbeifahren die »Weihnachtsbaum-Plantagen« aufgefallen sind oder weil man einen Garten plant und sich dort bei der Auswahl der passenden Gewächse für das heimische Biotop beraten lassen will. Die Städtische Baumschule in Laim hingegen hat noch einiges mehr zu bieten. Klar, auch hier werden Pflanzen großgezogen. Darüber hinaus geht es aber darum, die Vielfalt der Natur zu erhalten – es gibt dort über 50 Baum- und 150 Straucharten! Dazu kommt ein »Testgelände«, auf dem Bäume und Sträucher aus anderen Regionen darauf getestet werden, ob sie mit den hiesigen Hitzeperioden im Sommer und den oft kalten Wintern zurechtkommen.

Die zweite Besonderheit besteht darin, dass knapp die Hälfte des 40 Hektar großen Geländes öffentlich zugänglich ist. Und anders als in den »richtigen« Parkanlagen in München kann man hier, zwischen den angelegten Baumreihen, Feldern und Wiesen, tatsächlich recht ungestört flanieren. Der perfekte Ort, um mit seinem Lieblingsmenschen ein paar erholsame Stunden zu verbringen! Besonders viel Vergnügen macht so ein Spaziergang nämlich, wenn man ein Bestimmungsbuch dabeihat, denn Beschilderungen und Hinweise (oder Sitzbänke) sucht man hier vergebens. Das macht aber auch den Reiz dabei aus! Während man bei einem gewöhnlichen Waldspaziergang in der Regel vor allem die Klassiker wie Fichten, Ahorn und Co. zu Gesicht bekommt, ist die Vielfalt hier – vom Botanischen Garten mal abgesehen – wirklich einzigartig.

AUF VINTAGE-SCHNÄPPCHENJAGD GEHEN

DIVERSE FLOHMÄRKTE

Zenith München, Lilienthalallee 29, 80939 München
www.midnightbazar.de
ÖPNV: Haltestelle Freimann

München ist ja ganz klar eine Stadt, die die Herzen sämtlicher Fashion-fans höherschlagen lässt. Hier lässt sich jedoch nicht nur in den ein-schlägigen Modehäusern oder in den (meist doch recht teuren) kleinen, feinen Boutiquen in den Vierteln stöbern – man kann auch günstig und nachhaltig an ein neues, fesches Outfit kommen. Und zwar, wenn man secondhand shoppt! Das klappt in einem der vielen Vintagestores oder aber auf Flohmärkten!

Den Rotkreuz-Flohmarkt auf der Theresienwiese oder das wöchentliche Schnäppchenspektakel im Olympiapark kennt wahr-scheinlich jeder und hat auch jeder schon einmal mitgemacht: ganz schön, aber nichts Besonderes. Wer ein richtiges Flohmarkt-Highlight erleben möchte, der sollte sich an den Midnight Bazar halten, der in verschiedenen Konzepten dem traditionellen Trödelmarkt noch mehr Leben einhaucht. Hinter dem Namen »Fashion Session« verbirgt sich ein Mädelsflohmarkt, auf dem nur Mode verkauft wird – keine Möbel oder Bücher, nur Kleidung, Schmuck und Accessoires! Das Schönste dabei ist, dass er abends von 17 bis 24 Uhr stattfindet und man gemüt-lich mit einem Gläschen Prosecco durch die Reihen der Kleiderständer flanieren kann. Wenn das nicht ein super Ausflug mit der besten Freun-din wird? Möchte man lieber sein Date auf einen Flohmarkt ausführen, eignet sich vielleicht der »Nachtflohmarkt« um einiges besser, weil hier auch sicher männliche Schnäppchenjäger fündig werden und vielleicht endlich den lang ersehnten, aber nie gefundenen Asterix-Comic aus

der Kindheit ergattern können! Allen, die die Dating-Phase schon lange hinter sich haben und bereits Nachwuchs in die Welt gesetzt haben, sei der Kinderflohmarkt wärmstens empfohlen: Die lieben

Kleinen wachsen ja schneller aus ihren Kleiderchen und Schühchen, als wir schauen können, weshalb das Angebot an super erhaltener gebrauchter Kinderkleidung schier endlos ist. Da wäre neu kaufen ja beinahe schon verwerflich! Und wer mal keine Lust auf Shoppen hat oder wirklich gar kein Geld ausgeben möchte, der sollte das Flohmarkt-Erlebnis am besten umkehren, einen Stand anmelden und selbst verkaufen. Wie viel Spaß das mit der besten Freundin machen kann, zeigt uns ja Carrie in »Sex and the City«, wenn sie in ihrer liebsten Gesellschaft den Kleiderschrank aussortiert! Hat man sich von den Stücken getrennt, die man gar nicht mehr trägt, ist es nämlich ein sehr schönes Gefühl, zu sehen, wie das alte Sommerkleid eine neue Besitzerin erfreut.

Auf dem Munich Super Sale kann man die wirklich tollen Angebote entdecken. Hier gibt es stark reduzierte Ware von Designern und High Fashion Brands. Passend dazu findet dieser Markt natürlich im stilechten Ambiente des edlen Münchner Postpalasts statt. Abschließend sei noch der Streetfoodmarkt von Midnight Bazar erwähnt, bei dem es gar nicht ums Shoppen, sondern ums Schlemmen geht, aber das macht ja auch Spaß. Die Locations (bis auf den Postpalast) wechseln oft, und die Termine sind auch eher unregelmäßig, deshalb sollte man sich immer rechtzeitig auf der Website über die kommenden Events informieren. Was bleibt, sind die überaus fairen Eintrittspreise von zwei bis vier Euro; Kinder dürfen kostenlos shoppen!

MIT DEM VINTAGE-HUT DIE PFERDERENNBAHN BESUCHEN

Wer sich auf dem Flohmarkt einen Vintage-Hut gekauft hat, der sollte diesen nun auch ausführen. Zwar gibt es in München keine elitären Pferderennen wie in Ascot, aber nichtsdestotrotz kann man in München zu Pferderennen gehen, entweder auf die Galopprennbahn in München Riem oder zu einem Trabrennen in München Daglfing.

In Riem gibt es einen Familienpark, in dem Unterhaltungsmöglichkeiten für Groß und Klein geboten werden, ergänzt von zahlreichen kulinarischen Angeboten. Man kann auf der Wiese ein Picknick machen, und irgendwann befindet man sich natürlich doch im Wettfieber; die Wetteinsätze sind sehr gering, und man kann sich ein Limit setzen, damit man nicht über das Ziel hinausschießt: Die Rennen sind aber natürlich noch viel spannender, wenn man gewettet hat.

In Daglfing kann man sich am Flair aus den sechziger Jahren erfreuen, hier ist zwar alles renovierungsbedürftig, aber dennoch charmant.

TIPP

EIN JOHANNISFEUER AUFSUCHEN

KATHOLISCHE PFARRGEMEINDE ST. STEPHAN

Zillertalstraße 47, 81373 München
ÖPNV: Haltestelle Partnachplatz

Lodernde Flammen üben eine große Faszination auf uns aus. Aber abgesehen von gelegentlicher Lagerfeuerromantik oder flackerndem Kaminfeuer bekommt man offenes Feuer heutzutage nur selten zu sehen. Eine Gelegenheit dazu bietet sich allerdings einmal im Jahr zur Zeit der Sommersonnenwende, die am 21. Juni stattfindet. Anlässlich der Tagundnachtgleiche werden um dieses Datum herum die Sonnwend- oder Johannisfeuer entzündet. Benannt wurden diese nach Johannes dem Täufer, dessen Namenstag am 24. Juni gefeiert wird. Aus theologischer Perspektive symbolisiert das Feuer die Sonne und damit Jesus Christus. Johannes, als Vorgänger Jesu, wird ebenfalls mit diesem Symbol verbunden. Die weiteren Aspekte des Brauchs stammen eher aus dem Volksglauben oder gehen auf heidnische Riten zurück: So soll das Feuer Dämonen und Krankheiten abwehren, Lebenskraft spenden und die Kraft der Sonne verstärken.

All diese archaisch anmutenden Hintergründe sind heutzutage wohl kein Grund mehr dafür, ein Johannisfeuer aufzusuchen. Ausschlaggebend ist das gesellschaftliche Ereignis mit Musik, Speis und Trank und natürlich: der Blick ins lodernde Feuer, bei dem einem warm ums Herz wird. Besonders erhebend ist sicherlich, aus der Ferne die Johannisfeuer zu bewundern, die traditionsgemäß auf den Bergen und Gipfeln der Alpenregion entzündet werden. Aber sogar in München sind sie zu finden: veranstaltet zum Beispiel von der Pfarrgemeinde Sankt Stephan in Sendling.

KÜSSEN IM DIANATEMPEL
HOFGARTEN

Hofgartenstraße 1, 80538 München
ÖPNV: Haltestelle Odeonsplatz

Lust auf einen romantischen Abend in und um den Münchner Hofgarten? Der barocke Schlosspark punktet nicht nur durch wunderschöne Grünflächen und eine herrliche Atmosphäre, sondern auch durch seine zentrale Lage mit allerlei interessanten Orten in unmittelbarer Nähe. Beginnt euer Date in der Tambosi-Bar und genießt dort einen Aperitif. Wenn ihr genug habt von den Schönen und Reichen, dann könnt ihr durch die barocke Parkanlage spazieren. Umringt von Münchens schönster Architektur, wie etwa der Bayerischen Staatskanzlei oder der Münchner Residenz, dem Hofgarten-Tor und den Arkadengängen, könnt ihr hier Münchner Pracht vom Feinsten genießen.

Das Highlight im Hofgarten: In der Mitte des Gartens befindet sich der Dianatempel, ein Pavillon im italienischen Stil. Er wurde 1615 von Heinrich Schön dem Älteren angelegt. Von seinen acht Bögen gehen die Kreuzwege des Hofgartens aus, die dessen Struktur prägen. André Gide erwähnt in »Die Früchte der Erde« die vier Brunnen, die innen im Tempel angebracht und mit Muscheln verziert sind. Alle Brunnen im Hofgarten werden mit Wasserkraft aus dem Hofbrunnwerk betrieben. Der Dianatempel ist ein beliebtes Ziel für Pärchen. Gibt es etwas Romantischeres als einen Kuss hier, während hinter der Theatinerkirche die Sonne untergeht? Zum Ausklang lohnt sich ein kleiner Abstecher zum Wittelsbacher Brunnen. Der ist durch seine Beleuchtung besonders bei Nacht ein echter Hingucker! Werft eine Münze in das steinerne Becken und wünscht euch etwas für die Zukunft.

OIS GIESING: NACHHALTIG EINKAUFEN

TEGERNSEER LANDSTRASSE

Zwischen Ostfriedhof und Silberhornstraße
ÖPNV: Haltestelle Ostfriedhof oder Silberhornstraße

Giesing. Das ist nicht nur für die Giesinger, die sich gern als die glücklichsten Münchner beschreiben, das beste Stadtviertel Münchens. Sein Ruf reicht weit über die Giesinger Grenzen hinaus: ein Viertel, das immer noch wirklich München ist, in dem man leichter Menschen kennenlernt als anderswo in München, in dem kleine und schräge Läden überleben, in dem es die meisten Boazn gibt und das sich ein bisschen Dorfcharakter erhalten hat; und das nicht nur, wenn der Maibaum aufgestellt wird oder am Donnerstag der Wochenmarkt am Hans-Mielich-Platz stattfindet. Und die Heilig-Kreuz-Kirche ist höher als der Münchner Dom, da sie auf dem Giesinger Berg thront. Giesing hat allerdings auch ein renovierungsbedürftiges Stadion (erbaut 1911), traurige Wohnblöcke und triste Ecken – aber das ist es ja, was das Echte-Leben-Feeling dort ausmacht. Wer sich in Giesing einfühlen möchte, der sollte sich seinen Lieblingsmenschen schnappen und eine Einkaufstour durch die Tegernseer Landstraße machen, liebevoll TeLa genannt.

Die Tegernseer Landstraße beginnt an der Grenze zu Haidhausen und führt dann weit durch Giesing. Das Stück zwischen Ostfriedhof und Silberhornstraße eignet sich ideal für einen Shopping-Ausflug für Auf-dem-Boden-Gebliebene und Menschen, die auf Nachhaltigkeit und regionale Produkte Wert legen. Am besten beginnt man bei Gretels Markt für Obst- und Gemüsebasics, dann könnte man zur Stärkung ein Plundergebäck in der Bäckerei Traublinger kaufen. Mit Blick in die Schaufenster von Drux Road Bikes lässt sich ein wenig von einem neuen

Liebhaberstück träumen, oder man erwirbt den besten Käse überhaupt bei der Giesinger Käse-Alm. Im italienischen Piccolo-Café lässt sich sehr gut ein Espresso trinken. Hier sollte man dann die Straße überqueren und auf der anderen Straßenseite zurückgehen: Schöne Blumen und Antipasti gibt es im Fruchthaus TeLa, Lieblingsbücher in der Giesinger Buchhandlung und Stoffe im Stoffladen Giesing. Zum Schluss könnte man Pizza und Aperol im unprätentiösen La Migliore genießen. Wenn man gegen Abend unterwegs ist, kann man im Ambar Bistro Craft-Beer und Wein zu italienischen Speisen zu sich nehmen.

Eine tolle Erweiterung der TeLa bietet die Gietlstraße, hier gibt es den Laden Miramu Vintage & Second Hand, das Deli Kitchen mit genialen veganen Kuchen und Gerichten und das zugleich urige und moderne Wirtshaus Hohenwart. An der Ecke Tegernseer Landstraße und Ichostraße stand seit 1640 das Wirtshaus Schweizer Wirt, bis heute bekannt durch den Zamperlmarkt: Hier war tatsächlich ein Markt, auf dem man Hunde kaufen konnte. 1963 musste der Schweizer Wirt schließen, und stattdessen wurde hier ein riesiges Warenhaus mit eigenem Parkdeck erbaut, das anfangs eine Kepa-Filiale war, eine Niedrigpreiskette von Karstadt, später, ab 1977, ein Karstadt und noch später ein Hertie. Das Kaufhaus wurde 2010 abgerissen. Erst nach dem Abriss stellt man fest, wie sehr ein so großes Kaufhaus dann fehlt, wenn es nicht mehr da ist, und wie sehr es doch das Leben der Anwohner geprägt hat. Es wurden weitreichende Überlegungen angestellt, wie die Lücke zu schließen sei. Heute befindet sich hier ein moderner Neubau, in dem es einen dm und einen Woolworth gibt, denn ja, auch die braucht ein Stadtviertel!

DEN GIESINGER GRÜNSPITZ ERKUNDEN

Folgt man der Tegernseer Landstraße noch ein Stück weiter, gelangt man an den Giesinger Grünspitz. Hier stand ehemals ein Autohaus. Als es abgerissen wurde, beschloss man aber, den Münchnern ein bisschen Freiraum zu lassen. Nun ist der Grünspitz ein Ort für alle. Und die Besitzer des Kiosk-Cafés sorgen dafür, dass es dabei bleibt.

Menschen mit grünem Daumen können sich als Beetpate bewerben, es gibt Filmabende, Kunstausstellungen, Flohmärkte, öffentliche Chorproben, aber auch Seniorennachmittage, Radl-Checks, Pflanzentauschs, Bastelabende und, und, und. Wichtig ist hier, dass es sich um ein Gemeinschaftsprojekt handelt – die einzige Regel, die es gibt, ist Achtsamkeit: Achtet darauf, keinen Müll liegen zu lassen und niemandem auf den Geist zu gehen.

Besonders schön ist das grellgrüne Ratsch&Tratsch-Bankerl, denn hier hält man sich auf, wenn man anderen ein offenes Ohr schenken oder selbst »ratschen und tratschen« will. Ein Rundum-Wohlfühlort also, den man gemeinsam mitgestalten kann!

TIPP

STADTFÜHRUNG MAL ANDERS

VERSCHIEDENE STADTVIERTEL

BISS (Bürger in sozialen Schwierigkeiten) Büro, Metzstraße 29, 81667 München
www.biss-magazin.de/projekt/stadtfuehrungen
ÖPNV: Haltestelle München Ost

Stadtführung mal anders: Das Obdachlosenmagazin BISS veranstaltet jeden Dienstag und Donnerstag zwei verschiedene Rundgänge durch Münchens Stadtviertel für all diejenigen, die gern einmal einen Blick hinter die Kulissen der Stadt werfen möchten. Die Führungen sollen dazu dienen, »Berührungsängste abzubauen und Armut zu entstigmatisieren«, und bieten daher einen aufschlussreichen Einblick in Münchens Sozialstruktur. Aus erster Hand berichten Mitarbeiter und Betroffene, wie in Notsituationen mit Krisen umgegangen wird und wo sich Bedürftige Hilfe holen können. Wen die Arbeit und Geschichte der Stiftung selbst interessiert, für den gibt es eine Führung, die über die Projekte der Organisation und über Wegbegleiter und Förderer informiert.

Die zweite Tour führt in das Obdachlosenheim des Katholischen Männerfürsorgevereins, wo sich Besucher mit Bewohnern über ihre Erfahrungen austauschen können. Auf Anfrage gibt es eine weitere, dritte Führung in die Bahnhofsmission und das Kloster St. Bonifaz, zwei der wichtigsten Anlaufstellen für bedürftige und obdachlose Menschen. Am besten ist es natürlich, man teilt diese Erfahrung mit einer zweiten Person, denn die Einblicke regen zum Nachdenken an und bieten ordentlich Diskussionsstoff. Um die Arbeit der Stiftung zu unterstützen, empfiehlt es sich, ein Abo für das BISS-Magazin abzuschließen. So wird man monatlich auf wichtige soziale Themen aufmerksam gemacht und trägt zur Verwirklichung von gemeinnützigen Projekten wie eben diesen Stadtführungen bei.

SICH IM MAISLABYRINTH VERIRREN

STANDORT JOHANNESKIRCHEN

Savitsstraße, 81929 München
www.hofreiter.de
ÖPNV: Haltestelle Johanneskirchen

Mais schmeckt nicht nur lecker, man kann sich auch verdammt gut in seinen bis zu drei Meter hohen Stauden verirren. Von Juli bis September laden die Maislabyrinthe Hofreiter in Lochhausen und in Johanneskirchen dazu ein, sich an ihrem ökologischen Irrgarten zu versuchen. Gemeinsam könnt ihr rätseln, wie ihr am einfachsten einen Weg heraus findet. Oder ihr wettet lieber darum, wer von euch sich am schnellsten aus dem Labyrinth befreien kann. Um den Schwierigkeitsgrad und den Spaßfaktor noch zu erhöhen, befinden sich innerhalb des Labyrinths verschiedene Stationen mit Quizfragen. Wenn ihr die gelöst habt, könnt ihr an einem Gewinnspiel teilnehmen. Bei mildem Wetter macht das Ganze am meisten Spaß. Zwischen dem hochgewachsenen Mais staut sich sonst die Hitze, und man kommt ganz schön ins Schwitzen.

Wenn ihr im Anschluss immer noch nicht genug von Grünzeug habt, dann lohnt sich ein Besuch im angrenzenden Beerencafé. Alle Produkte werden aus Obst und Gemüse direkt vom Feld vor Ort hergestellt. Hier funktioniert alles ohne Chemie. Probiert doch mal einen Beerenkuchen, serviert mit frisch-fruchtiger Apfel-Johannisbeer-Schorle. Oder wie wäre es mit einem knackigen Salat und Brot mit Kräuteraufstrich aus selbst gepflückten Kräutern? Wenn euch der Sinn gerade nach etwas anderem steht, dann könnt ihr euch auf den Feldern selbst bedienen und anschließend zu Hause etwas zaubern. Je nach Saison kann man hier Erdbeeren, Kirschen, Gurken und noch viele weitere Köstlichkeiten finden. Eine wahre Bio-Gaudi!

ÜBERNACHTEN MITTEN IM WESTEND

HOTEL AUGUSTIN

Am Bavariapark 16, 80339 München
www.augustin-hotel.com
ÖPNV: Haltestelle Schwanthalerhöhe

Urlaub mitten in der Stadt? Und das noch mit bestem Gewissen? Mit einem Lieblingsmenschen, der Nachhaltigkeit zu schätzen weiß? Dann würde ich vorschlagen, ein Zimmer im Hotel Augustin, direkt an der Theresienwiese zu buchen. »Es gibt nichts Gutes, außer man tut es«, sagte schon Erich Kästner und das ist das Leitmotiv des Hotels. Das Hotel Augustin wird von der Edith-Haberland-Wagner-Stiftung geführt, die viele soziale und kulturelle Projekte in München fördert. Die Stifterin glaubte an eine nachhaltige Gesellschaftsgestaltung, und es wurde ein Ort geschaffen, an dem sich alle zu Hause fühlen können. Man freut sich über Gäste allen Alters und aus aller Welt. Und das ist zu spüren; auch an den Preisen: Es gibt Zimmer im Hostel-Stil mit Kabinenbetten, die sehr schick sind, Platz für sechs Personen bieten, und der Preis liegt bei 30 Euro pro Nacht und Nase. Es gibt Familienzimmer, die für bis zu acht Personen umfunktioniert werden können. Fast ebenso beeindruckend ist die inspirierende und nachhaltige Bauweise.

Frühstück gibt es im Fräulein Wagner, und was hier geboten wird, ist nicht nur lecker, sondern die meist regionalen Produkte stammen fast nur aus biologischem Anbau. Und es wird Müll vermieden: Auf Plastik wird ganz verzichtet. Um das Frühstück hier zu genießen, muss man nicht einmal im Hotel wohnen: Es steht allen Besuchern offen. Aber auch das Mittagessen und das Abendessen sind sind zu empfehlen. Vor allem die Lachsforelle mit Blumenkohlpüree und Gemüse, garniert mit etwas Lachskaviar ist köstlich.

HOCH HINAUS IM WERKSVIERTEL
UMADUM RIESENRAD MÜNCHEN

Atelierstraße 11, 81671 München
www.umadum.info
ÖPNV: Haltestelle München Ost

Ja, das Werksviertel, das ist irgendwie so weit draußen. Man muss die Bahngleise überschreiten. Unbekanntes Terrain ergründen … Deswegen scheint das Werksviertel in der Wahrnehmung der Münchner noch nicht ganz angekommen zu sein. Das ist aber nicht gerechtfertigt, und man sollte unbedingt seine Bedenken überwinden, denn es gibt dort so einiges zu entdecken. Der Höhepunkt ist ohne Zweifel das Riesenrad Umadum, was auf Bayerisch so viel wie »rundherum« bedeutet. Im Gegensatz zum Riesenrad auf dem Oktoberfest, dem man sein Geburtsjahr 1979 deutlich anmerkt, was aber überhaupt nicht gegen es spricht (ganz im Gegenteil!), zeigt sich das Umadum rundherum neu: modern, durchgestylt, strahlend weiß. Und die Gondeln sind geschlossen, sodass man auch bei niedrigen Temperaturen oder bei Regen wunderbare Runden mit ihm drehen kann. Bis zu 16 Personen passen in eine Gondel.

Das Umadum ist das größte mobile Riesenrad der Welt und zugleich das größte Riesenrad Deutschlands. Es ist 78 Meter hoch und hat einen Durchmesser von 74 Metern. Auch wenn das, um ehrlich zu sein, im internationalen Vergleich ziemlich klein ist: Das London Eye ist stolze 135 Meter hoch und der High Roller in Las Vegas 168 Meter. Es ist aber immerhin größer als das Wiener Riesenrad mit 65 Meter Höhe, das Riesenrad auf dem Oktoberfest mit 50 Meter Höhe oder das alte Münchner Russenrad, das es leider seit 2019 nicht mehr gibt. Das war tatsächlich nur 14 Meter hoch und sorgte seinerzeit dennoch für

Furore. Auf die Größe kommt es bekanntlich nicht an, entscheidend ist die spektakuläre Aussicht: Bei gutem Wetter (Föhn!) sieht man die Alpenkette, die Frauenkirche oder auch das Olympiagelände. Und, was vielleicht noch viel spannender ist: Man sieht auf das Dach des

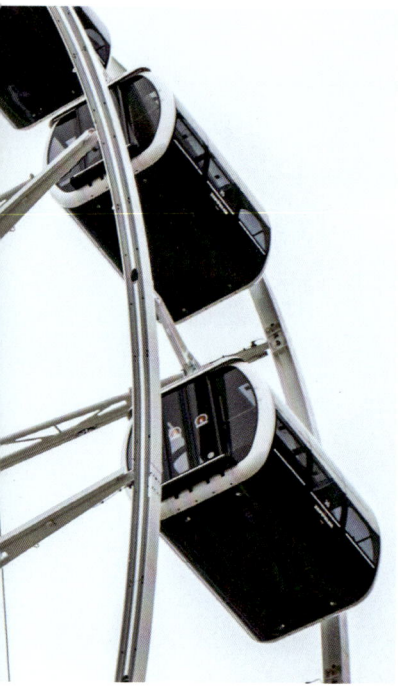

Hochhauses Werk3, auf dem eine Herde Schafe weidet; durch die Begrünung der Dachfläche wurde ein eigenes Ökosystem etabliert, in dem sich auch Vögel und Insekten wohlfühlen. Das Umadum fährt sehr langsam, sodass wirklich der Genuss des Ausblicks im Vordergrund steht. Eine Fahrt dauert 30 Minuten, und wer aus München kommt, zahlt zwei Euro weniger (normaler Fahrpreis 14,50 Euro). Romantisch ist auch eine Fahrt bei Nacht! Übrigens wird das Riesenrad mit Ökostrom betrieben, arbeitet hocheffizient und ermöglicht die Rückgewinnung von Energie.

Neben den normalen Gondeln gibt es Spezialgondeln, die Außergewöhnliches erleben lassen: die Genießer-Fahrten, bei denen man ein Getränk und den dazu passenden Snack serviert bekommt, oder Umadum Blau Weiß, wo es während einer Doppelfahrt Weißwürste und Brezen und dazu ein Weißbier zu genießen gibt. Man kann auch Gondeln für Tagungen, Geburtstage oder Verlobungen mieten. Wer seine Liebste nicht gleich um ihre Hand bitten möchte, sie aber doch beeindrucken will: Der Österreicher Franz Müllner hat 2019 mit purer Muskelkraft das 750 Tonnen schwere Riesenrad bewegt. Vielleicht will man es ihm ja gleichtun? Wer mit dem Riesenrad fahren will, sollte sich beeilen, denn die Zukunft des Fahrgeschäfts ist ungewiss: Eines Tages wird hier, wo jetzt das Riesenrad steht, Münchens neuer Konzertsaal stehen, und dann muss ein neuer Platz gefunden werden. Aber in London sollte das Riesenrad auch nur zwei Jahre stehen …

BURGER STATT KNÖDEL IN DER NACHTKANTINE

Danach kann man auch noch in der Nachtkantine einkehren, das ist tatsächlich die ehemalige Kantine von Pfanni – aus der glorreichen Zeit, als Mutti am Sonntagmittag die vorgefertigten Kartoffelknödel aus der sparsamen Großpackung entnahm, im Wasserbad erhitzte und dann zum Braten servierte.

Und warum die Kantine von Pfanni? Auf dem Werksgelände war früher die Produktionsstätte von Pfanni und die Nachtkantine erinnert noch daran. Hier kann man heute Burger statt Kartoffelknödel essen und abends zu heißen Rhythmen tanzen. Außerdem finden hier verschiedene Veranstaltungen statt.

TIPP

MIT DEM BULLI
DURCH DIE STADT DÜSEN
HEYMINGA!

Atelierstraße 16, Werk 3, 81671 München
www.heyminga-touren.com
ÖPNV: Haltestelle München Ost

Stadtführungen gibt es in München in Tausenden Varianten. Von klassischen Touri-Führungen zu den bekannten Sehenswürdigkeiten über Führungen im Dunkeln mit Nachtwächter bis hin zu kulinarischen Stadterkundungen, bei denen man sich von Schmankerl zu Schmankerl durch die traditionsreichen Gourmetlocations der Stadt futtert. Alles schon gesehen. Wie wäre zur Abwechslung eine Rundfahrt mit heyMinga? Richtig gehört: Bei heyMinga wird man statt mit den üblichen Touristen-Bussen in einem VW-Bulli durch die Stadt kutschiert. Chauffiert wird man von einem der supernetten Mitglieder des Teams – Spaß und gute Unterhaltung garantiert!

Zu Beginn der Führung trifft man sich am Eingang des Container Collective, dann spaziert man eine Runde durch das Werksviertel, und schon geht sie los, die Sightseeingtour der etwas anderen Art. Es erwartet einen eine Entdeckungstour durch unbekannte Viertel und zu Sehenswürdigem abseits vom altbekannten Mainstream. Die Idee dabei ist, die Stadt für eine Weile aus einem anderen Blickwinkel wahrzunehmen. Und natürlich geht es auch darum, miteinander eine gute Zeit zu verbringen und sein Herz noch ein Stück mehr an die eigene Lieblingsstadt zu verlieren. In welchen der liebevoll gepflegten Bullis man bei der Tour einsteigt, bleibt bei der Buchung zwar eine Überraschung, großartig sind sie aber allesamt: die 35 Jahre alte Gerti, der orangefarbene Valentin, der luxuriöse Gustl (mit Klimaanlage!) und natürlich die Hippie-Legende aus den Sechzigern – richtig: die Uschi!

DURCH DIE NACHT SCHWÄRMEN
DIVERSE BARS UND KNEIPEN

Rockmuseum, Spiridon-Louis-Ring 7, 80809 München;
Café Jasmin, Steinheilstraße 20, 80333 München;
Ungewitter, Arcisstraße 62, 80799 München;
Johannis Café, Johannisplatz 15, 81667 München

Die bayerische Landeshauptstadt ist ja leider mit dem hartnäckigen Vorurteil behaftet, dass die Bürgersteige recht früh am Abend hochgeklappt würden und feierwütige Nachtschwärmer es doch sehr schwer hätten, auf ihre Kosten zu kommen. Dass dem ganz und gar nicht so ist und es auch in München Orte gibt, die keinen Ladenschluss, Feierabend oder Zapfenstreich kennen, sollte längst kein Geheimnis mehr sein. Und jeder sollte sich einmal in das Abenteuer wagen, die Stadt bei Nacht zu erleben – am besten bis zum Morgengrauen und natürlich nicht allein! Also schnapp dir deinen liebsten Kumpel, deinen Angebeteten, Bruder, Schwester, ganz egal und startet in eine unvergessliche Nacht. Sogleich geht es ganz hoch hinaus – nämlich auf den Olympiaturm, in dem das Rockmuseum beheimatet ist. Hier kann man bis 24 Uhr in einer schwindelerregenden Höhe von fast 200 Metern Raritäten aus der Welt des Rock 'n' Rolls, Hard oder Glam Rocks bewundern. Herbert Hauke und Frank Eser, die Betreiber dieses Museums, präsentieren hier Schätze wie Goldene Schallplatten, Outfits berühmter Musiker und weitere begehrte Sammlerstücke. So beispielsweise auch handsignierte Gitarren von Frank Zappa, Bruce Springsteen oder Queen

Den passenden Ohrwurm im Gepäck geht es in die Maxvorstadt: Um die Energiereserven zunächst wieder aufzufüllen, bietet sich als zweite Station der Nacht das Café Jasmin an, in dem man in stilechter Fünfziger-Jahre-Atmosphäre seinen Koffeinspiegel erhöhen kann.

Natürlich ist hier auch für das leibliche Wohl gesorgt und man kann sich mit einer köstlichen Kleinigkeit für die kommenden Stunden stärken. Oder gleich zu einem Drink übergehen, denn auch wenn Tradition im Café Jasmin großgeschrieben wird, ist die Bar alles andere als eingestaubt und kann mit hippen Kreationen aufwarten. Um 1 Uhr ist hier allerdings Schluss, aber das ist zu verschmerzen, denn es stehen noch ein paar Stationen auf dem Plan. Quasi um die Ecke gelegen befindet sich das Ungewitter, ein wahres Münchner Urgestein, eine kleine Kneipe, in der der Name Programm ist und es garantiert nicht langweilig wird. Wirtin Charlotte ist bekannt wie ein bunter Hund und durch ihre gastfreundliche Art über die Stadtteilgrenzen hinaus überaus beliebt!

Wer es schafft, dort nicht am Tresen zu versacken, der rafft sich irgendwann auf und macht sich auf den Weg durch die Stadt, über die Isar bis hin zum Johannisplatz in Haidhausen, wo man auf den ersten Blick gar nicht vermuten mag, dass dort ein wahres Mekka für Nachteulen ist: Hinter kitschig-schönen Vorhängen, wie sie auch in Omas Wohnzimmer hängen könnten, kann man im Johannis Café vor allem am Wochenende bis in die frühen Morgenstunden verweilen und in schummrigem Licht die Gespräche immer tiefgründiger werden lassen. Dabei bleibt man entweder beim Bier oder gönnt sich einen herzhaft-rustikalen Mitternachtssnack (Toast Hawaii!). Zum Abschluss dieser ereignisreichen Nacht empfehle ich, gemütlich Richtung Isar zu spazieren und dort auf der Ludwigsbrücke mit Blick auf die Museumsinsel und in trauter Zweisamkeit – so früh sind ja doch eher wenige Menschen unterwegs – der Morgendämmerung beizuwohnen!

KATERFRÜHSTÜCK
AUF DEM VIKTUALIENMARKT

Wer wirklich Stehvermögen hat und es bis 8 Uhr morgens aushält, der kann dann gleich auf den Viktualienmarkt weiterziehen: Dort gibt es zwei kulinarische Köstlichkeiten, die sich sehr gut als Katerfrühstück eignen, nämlich entweder Fischspezialitäten bei Fisch Witte oder eine Bratwurst beim Schlemmermeyer. Beides ist so köstlich, dass sich der Kater sofort verziehen wird beziehungsweise sich die Lebensgeister wieder erheben werden. Und die Stimmung auf dem Viktualienmarkt morgens ist wie auf jedem Markt ganz besonders!

TIPP

LOKALPATRIOTISMUS AT ITS BEST FÜHLEN
GRÜNWALDER STADION

Grünwalder Straße 2–4, 81547 München
www.tsv1860-ticketing.de/tsv1860
ÖPNV: Haltestelle Wettersteinplatz

Es ist Samstag, es ist bald 14 Uhr, die Stimmung ist aufgekratzt, und Giesing hüllt sich in die Farben des Freistaats, Blau und Weiß. »Aber na«, sagt da der Giesinger: Die Münchner hier sind zwar echte bayerische Lokalpatrioten, die Flaggen und Banner gelten aber dem hier angesiedelten Fußballverein, Münchens großer Liebe, dem TSV 1860 München. Seit nun über 160 Jahren gibt es die Sechzger, und seit dem bitteren Zwangsabstieg in die Regionalliga Bayern im Jahr 2017 sind sie nun endlich wieder raus aus der verhassten Spielstätte im Münchner Norden und zurück im Sehnsuchtsort Grünwalder Stadion. Pure Fußballromantik verbreiten nicht nur die analoge Spielstandanzeige in einem der immer rarer werdenden innerstädtischen Fußballstadien Deutschlands, sondern auch die großen, nicht überdachten Stehplatztribünen. Tickets für dieses Event sind verhältnismäßig günstig, 16 Euro kostet das günstigste Stehplatzticket, Stadionwurst und Bier pendeln sich bei circa vier Euro ein.

Falls man keine der begehrten Eintrittskarten ergattert, kann man durch eines der beliebtesten Münchner Stadtviertel spazieren und die einmalige Atmosphäre aufsaugen. Und: Unzählige Bars und Boazn in Giesing übertragen die Spiele. Wer keine Lust auf Experimente hat, kann im Löwenstüberl vorbeischauen. Wirtin Christl Estermann steht zwar nicht mehr am Tresen, die Kneipe hat jedoch immer noch Kultcharakter. Und zwei der 60 Sitzplätze werden sicher frei sein.

ROMANTIK PUR ERLEBEN
ROSENINSEL SCHIFFFAHRT

82340 Feldafing
www.roseninsel.bayern
ÖPNV: Haltestelle Feldafing

Ludwig II. ist auch als der Märchenkönig bekannt: Er war schließlich ein Fachmann für Romantik, erbaute Schlösser an den malerischsten Orten Bayerns und versank ganz in der Opernwelt Richard Wagners. Und er schuf einen romantischen Platz par excellence auf der Roseninsel. Die Roseninsel ist mit zahlreichen unglücklichen Liebesgeschichten und mit nicht erfüllten Sehnsüchten verwoben. Wer also mit seinem oder seiner Herzallerliebsten einen traumhaft schönen Ort besuchen und sich dabei mit den Liebesleiden der Wittelsbacher beschäftigen möchte, dem sei ein Ausflug zu diesem besonderen Refugium wärmstens ans Herz gelegt.

Auf der Roseninsel im Starnberger See hat sich Ludwig II. eine besondere Zufluchtsstätte geschaffen. Eine kleine Villa auf einer kleinen Insel, drum herum wundervoller, uralter Baumbestand und die schönsten Rosen. Ludwig nutzte die Insel als Rückzugsort, wenn er sich in Schloss Berg aufhielt, eben dort, wo er später interniert wurde und wo er auch zu Tode kam. Vom Festland aus ließ er sich mit seinem Raddampfer Tristan übersetzen und verbrachte seine Zeit lesend und speisend unter den alten Bäumen. Den Raddampfer hatte bereits sein Vater König Maximilian I. gekauft. Ludwig ließ ihn renovieren und taufte ihn in Tristan um, da zu ebendieser Zeit die Uraufführung von »Tristan und Isolde« stattgefunden hatte. Er ließ an Schloss Berg einen Turm anbauen, den er Isolde nannte. So konnte sich Tristan auf der Rückfahrt zu Schloss Berg stets auf seine geliebte Isolde zubewegen.

Die Insel gehört zur Gemeinde Feldafing und ist von zwei Parkplätzen gut zu Fuß und dann per Schiff erreichbar. Ludwig II.

empfing hier Gäste wie die russische Zarin Marija Alexandrowna und Richard Wagner; er nutzte die Roseninsel auch, so munkelt man zumindest, um sich mit seinen Günstlingen zu treffen. Oder er traf hier seine kaiserliche Cousine Elisabeth, Kaiserin von Österreich, besser bekannt unter dem Spitznamen Sisi. Sie verbrachte ihre Kindheit ganz in der Nähe der Roseninsel, auf Schloss Possenhofen. Sisi war oft in Feldafing zu Gast, in jenem Hotel, das heute nach ihr »Kaiserin Elisabeth« heißt. Sie ließ sich während dieser Urlaube – auch ohne dass Ludwig anwesend war – täglich zur Insel rudern und war wohl, außer dem Gärtner der Roseninsel, die Person, die die meiste Zeit hier verbrachte. Doch auch mit seiner anderen Cousine, Sisis Schwester Sophie Charlotte, traf sich Ludwig hier. Die beiden waren verlobt, aber Ludwig löste die Verlobung auf. Sophie Charlotte heiratete bald darauf den Herzog von Alençon – eine Ehe, in der sie nicht glücklich wurde. Am Abend vor der Hochzeit richtete Ludwig II. das oben bereits erwähnte Seefest für seinen Gast Marija Alexandrowna aus, die eine mütterliche Freundin und Vertraute für ihn war. Es gab eine Rundfahrt über den See. Mit Einbruch der Dunkelheit wurden alle umliegenden Schlösser illuminiert, und Hunderte von beleuchteten Fischerbooten waren auf dem See zu sehen. Auch wenn sich den Besuchern heute kein ganz so spektakulärer Anblick mehr bietet, die Roseninsel ist dennoch einen Besuch wert: die Fahrt über den See, zu zweit auf einer Parkbank sitzen, an den Rosen riechen, auf den See hinaus blicken und träumen …

KÖNIG LUDWIG II. IN MÜNCHEN BESUCHEN

Das einzige Denkmal für den berühmten bayerischen König Ludwig II. befindet sich in den Maximiliansanlagen in Bogenhausen. Was wohl auch daran liegt, dass München für ihn stets »ein verfluchtes Nest« war und er hier nie ein großes Bauprojekt realisierte.

Es wurde 1967 errichtet, nachdem sich ab 1965 eine Bürgerbewegung für die Wiedererrichtung eines Denkmals eingesetzt und einen Wettbewerb initiiert hatte. Anton Rückel gewann diesen und stellte die überlebensgroße Bronzefigur des Königs auf einen hellen Sandstein. Auf dem Sockel sind die Schlösser Ludwigs abgebildet.

Ein kleiner Spaziergang durch die Maximiliansanlagen ist aber auch ganz abgesehen vom Denkmal empfehlenswert: zwei Kilometer wunderbare Grünanlagen direkt an der Isar!

TIPP

MÜNCHENER COWBOYS ANFEUERN
DANTESTADION

Dantestraße 14, 80637 München
www.munich-cowboys.de
ÖPNV: Haltestelle Westfriedhof

Fußball ist in Europa Nummer eins der Sportarten in Sachen Fankultur. Jenseits des großen Teichs sieht die Sache anders aus. Basketball ist dort beliebt, Eishockey und Baseball stehen ihm in nichts nach. Der Lieblingssport der Deutschen, der Fußball, ist dort so wenig angesagt, dass man es nicht mal direkt ins US-Englisch übersetzt hat. »Soccer« nennen die Amerikaner den König Fußball. »Football« ist dort nämlich belegt. Wenn ein Bewohner der USA von Football spricht, meint er American Football, den meistverfolgten Sport der Vereinigten Staaten. Doch um einen Einblick in das amerikanischste Spektakel zu bekommen, muss man in keinen Flieger steigen!

Die Munich Cowboys, German Bowl Sieger 1993 und eines der ältesten deutschen Football-Teams, tragen ihre Spiele im Gerner Dantestadion aus. In den letzten Jahren stieg die Beliebtheit immer weiter. Mehr als 1.500 Menschen pro Spiel waren im Schnitt vor Ort. Das liegt nicht nur an der Performance der Herrenmannschaft, sondern auch am Ambiente. Die Fans feiern frenetisch, die Cheerleader laufen zu akrobatischen Höchstleistungen auf. Wer kulinarisch auf seine Kosten kommen möchte, bleibt gastrotechnisch am besten ebenfalls auf dem anderen Kontinent und schaut ins Schwabinger Burger House. Die Burger-House-Restaurants sind nicht nur echte Münchner und authentische Amerikaner zugleich, sondern auch seit 2018 offizieller Partner der Munich Cowboys. Denn – Burger und Football, das passt einfach zusammen.

EXOTISCHE PFLANZEN BESUCHEN
NEUER BOTANISCHER GARTEN

Menzinger Straße 65, 80639 München
www.botmuc.de
ÖPNV: Haltestelle Botanischer Garten

Es herrscht Eiszeit oder sieben Tage Regenwetter, ihr wollt aber dennoch nicht auf Natur verzichten und sehnt euch nach Frühlingsatmosphäre oder Sommer-Feeling? Der Botanische Garten erblüht fast das ganze Jahr über in farbenvoller Pracht. Die Gewächshäuser erstrecken sich über eine Fläche von 4.500 Quadratmetern und beheimaten seltene europäische Pflanzen- und Insektenarten sowie 45 Arten von heimischen Vögeln. Der Garten führt durch verschiedene Biotope: Das Klima reicht hier von tropischer Stickigkeit zu heißen Wüsten, von alpiner Rauheit zu feuchten Sümpfen. Im Orchideenhaus erwarten euch über 2.000 Orchideenarten, im Palmenhaus schlagt ihr euch durch das Dickicht eines tropischen Urwalds, im Victoriahaus hört ihr dem beruhigenden Plätschern der riesigen Wasserbecken zu, und im Alpinenhaus könnt ihr auch ohne Aufstieg den kargen Liebreiz von Edelweiß und Co. bewundern. Und auch bei schönem Wetter ist der Botanische Garten einen Besuch wert, denn es gibt genügend Außenfläche, die sich ideal zum Schlendern und Entdecken eignet.

Seit 2009 gibt es sogar einen Planetenweg: Um die unglaublichen Distanzen unseres Sonnensystems zu veranschaulichen, wurden die Erde, die Sonne und alle anderen Planeten im Botanischen Garten markiert – ein Zentimeter Weg steht hier für 80.000 Kilometer in der Realität. Anders als bei einem Spaziergang durch Münchens reguläre Parkanlagen trefft ihr hier auch auf allerlei spannendes Gewächs und Getier. Oder habt ihr im Olympiapark schon einmal fleischfressende

Dschungelpflanzen gesehen? Ein ganz besonderes Highlight des Botanischen Gartens ist das Schmetterlingshaus. Während der Wintermonate schwirren hier Hunderte von tropischen Schmetterlingen um die Köpfe der Besucher. Wenn die Sonne scheint, leuchtet das Gewächs-

haus in den verschiedensten Farben: dem Tiefblau des Himmelsfalters oder dem Moosgrün des Ritterfalters. Bereits 1935 wurde der Botanische Garten mit dem Park von Schloss Nymphenburg verbunden – ideal also, um zwei Fliegen mit einer Klappe zu schlagen und die Besuche miteinander zu verbinden. Was besonders schön ist: Die wesentlichen Teile des Botanischen Gartens sind für Rollstuhlfahrer zugänglich gemacht worden. Der abgesenkte Schmuckhof zum Beispiel ist über einen sich sanft neigenden Weg mit Reling zu erreichen. Auch die Gewächshäuser, Laubhölzer und noch viel mehr sind rollend zu besichtigen. Selbstverständlich gibt es auch eine behindertengerechte Toilette. Noch dazu stehen drei ausgewiesene Parkplätze zur Verfügung. Wer nicht mit dem Auto anreisen will, kann auch getrost mit der Tram vorfahren – die Haltestelle Botanischer Garten ist barrierefrei. Auch für blindes oder gehörloses Publikum werden spezielle Führungen angeboten – wichtig hier zu beachten ist die vorausgehende Anmeldung.

Nach einem langen Tag im Grünen – oder besser gesagt im Bunten – kehrt ihr dann optimalerweise im Café ein. Das befindet sich genau im Zentrum der Gartenanlage und bietet somit einen wunderschönen Ausblick auf den Garten und die Häuschen, bei dem sich ganz behaglich eine Tasse Kaffee oder Tee genießen lässt.

MIT DEM LIEBLINGSMENSCHEN

Miteinander
entspannen

ACHTSAME BERÜHRUNGEN GENIESSEN
LEBENS-RAUM TANTRA ZENTRUM

Adelsbergstraße 2, 81247 München/Obermenzing
www.tantra-muenchen.de
ÖPNV: Haltestelle Obermenzing

Die Haut ist eines unserer empfindlichsten Sinnesorgane. Man spürt Berührungen sehr intensiv, ist sich dessen aber oft nicht ganz bewusst. Um diese Wahrnehmung zu stärken, bietet das Tantra Zentrum München eine Reihe von Seminaren an. Es ist wichtig, ein Missverständnis aus der Welt zu räumen: Tantra ist nicht immer ein erotisches Erlebnis. Vielmehr geht es darum, die Kunst der achtsamen Berührung zu lernen und die dadurch ausgelösten Gefühle zu verstehen. Da Tantra zwar beruhigend und entspannend wirkt, aber dennoch eine intensive Erfahrung sein kann, besucht man einen Kurs am besten in Begleitung.

Während man bei Yoga größtenteils für sich in sich geht, ist Tantra eher eine Meditation zu zweit. Durch Partnerübungen, Ruhe- und Bewegungsmeditationen findet hier ein Austausch von Energien statt, und gemeinsam lernt ihr, wie man ohne Worte kommuniziert. Ihr könnt sowohl als Paar als auch als Freunde teilnehmen: Wichtig ist dabei nur, dass ihr euch miteinander wohlfühlt und dem jeweils anderen vertraut. So könnt ihr euch leichter auf Berührungen einlassen. Ihr solltet außerdem eine gewisse Offenheit mitbringen, denn im ersten Moment mag es zwar lediglich um die achtsame Berührung des Körpers gehen, dahinter steckt aber viel mehr: nämlich die Berührung des Herzens und der Seele. Ohne das ist Tantra ein rein oberflächliches Erlebnis. Begebt euch gemeinsam auf eine Reise voll Selbsterkenntnis und lernt, besser mit euch selbst, aber auch mit anderen Menschen zu kommunizieren.

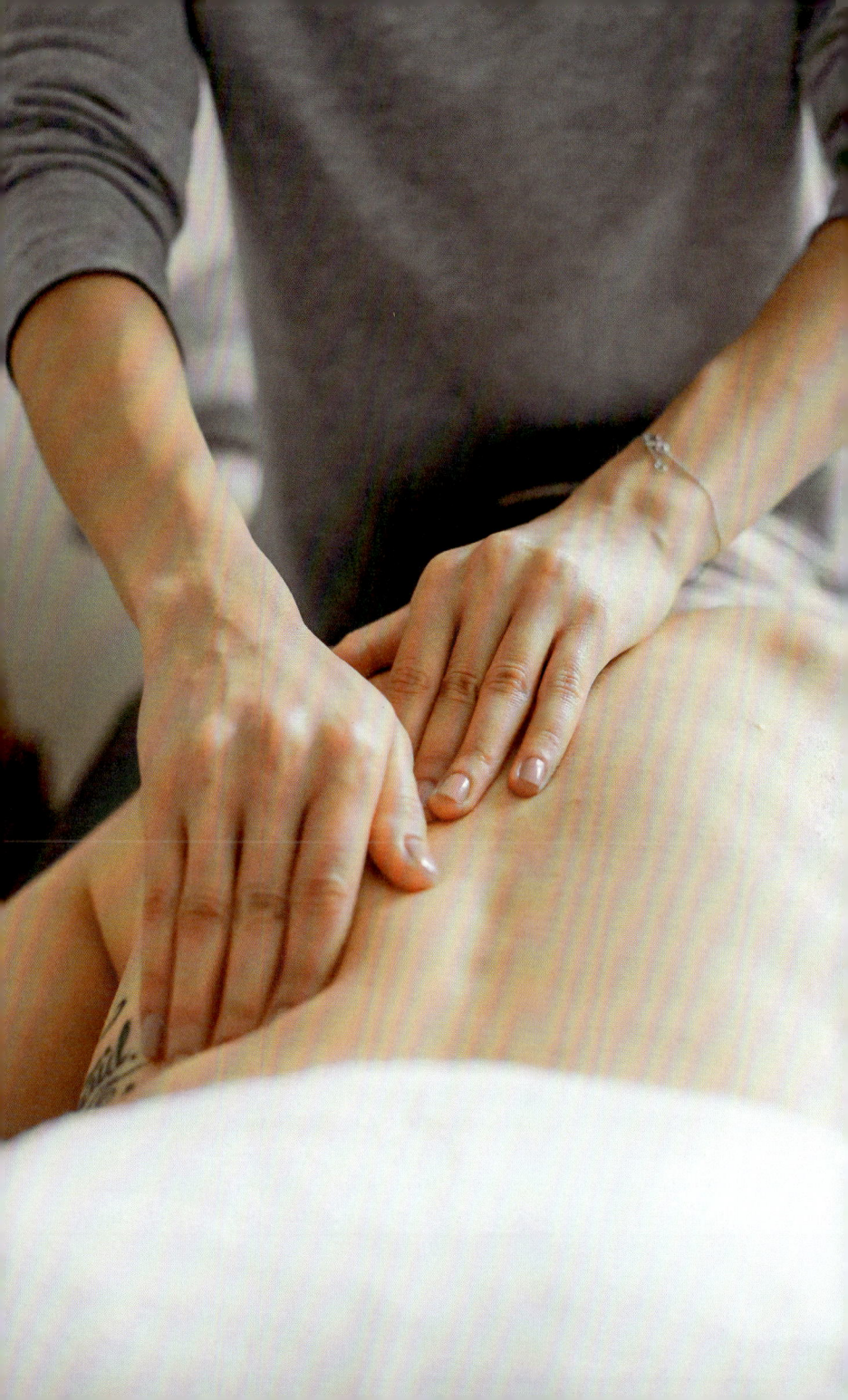

ALS PAAR FLOATEN
PREMIUM FLOAT SCHWABING

Feilitzschstraße 26, 80802 München
www.float-schwabing.de
ÖPNV: Haltestelle Münchner Freiheit

Beim Floating ist der Name Programm: Ohne Kraftanstrengung »schwebt« man dabei auf salzreichem Wasser. So können sich sämtliche Muskeln entspannen und werden durch den hohen Anteil an Magnesiumsulfat zusätzlich gelockert. Man darf übrigens kein Badewannen-Feeling mit Dampfschwaden und schrumpeligen Fingern erwarten. Wasser und Raumtemperatur sind so eingestellt, dass sie in etwa der Körpertemperatur entsprechen. Die Idee ist, dass dadurch die Grenzen zwischen Luft, Wasser und Körper verschwimmen und man sich wirklich schwerelos fühlt. Das kommt nicht von ungefähr: Die 1954 von dem US-Amerikaner John C. Lilly erfundenen Tanks wurden von der NASA getestet, um die Auswirkungen der Schwerelosigkeit für Astronauten im Weltall zu simulieren!

In München gibt es mehrere Möglichkeiten, um zu floaten. Ein besonderer Tipp ist das Premium Float Schwabing in der Nähe der Münchner Freiheit, das bereits mehrfach als »Spa of the Year« oder auch für seinen exzellenten Service ausgezeichnet wurde. Dass zur Wohlfühlatmosphäre nicht nur ein ansprechendes Ambiente gehört, weiß man hier genau. Deshalb fühlt man sich als Kunde auch vom ersten Moment an besonders gut umsorgt und aufgehoben. Floatet man allein, liegt man dabei in einem ovalen, geschlossenen Tank und kann entscheiden, ob man lieber völliger Stille und Dunkelheit oder doch gedämpftem Licht beziehungsweise der Sternenhimmel-Decke und leiser Musik den Vorzug gibt. Tiefenentspannung ist hier garantiert! Auch das Drumherum spielt selbstverständlich eine wichtige Rolle. Deshalb gehört im Schwabinger Center zu jedem der Floating-Bereiche

ein luxuriös ausgestattetes Badezimmer mit Regendusche, flauschigen Handtüchern und hochwertigen Pflegeprodukten. Nach einer kurzen (aber herzlichen) Einführung durch das Personal kann man dann ganz in Ruhe und ungestört sein privates Spa-Erlebnis genießen.

Zu zweit funktioniert Floaten noch mal etwas anders: Statt in einem kleinen Tank zu liegen, floatet man miteinander in einem offenen Pool. Auch hier kann man zwischen Dunkelheit und Sternenhimmel wählen und sich für meditative Klänge oder völlige Stille entscheiden. Nur quatschen und kichern sollte man der Entspannung wegen nicht allzu viel. Wobei sich das manchmal nicht ganz vermeiden lässt, weil man durch das Salzwasser recht wenig Kontrolle darüber hat, wohin man getragen wird. Die ein oder andere (sanfte) Kollision lässt sich deshalb nicht immer verhindern. Da man diese Art von Erlebnis aber sicher ohnehin nur mit einem Herzensmenschen teilt, mit dem man eben auch mal eine Stunde schweigen und ganz bei sich sein kann, sollte das kein allzu großes Hindernis sein.

Schwimmversuche sollte man übrigens am besten bleiben lassen, da man wirklich wie ein Korken auf dem Wasser hüpft, sobald man auch nur versucht, einzelne Körperteile unter die Wasseroberfläche zu bekommen. Außerdem besteht durch zu intensives Herumzappeln die Gefahr, dass man Wasser in die Augen bekommt. Ob regelmäßiges Floaten wirklich eine Synchronisation der Gehirnhemisphären bewirkt, muss jeder für sich selbst herausfinden. Definitiv kann man damit allerdings für eine Weile der alltäglichen Reizüberflutung entkommen und zusammen in Glückshormonen baden!

WIE DIE MÜNCHNER FREIHEIT ZU IHREM NAMEN KAM

Bis 1933 hieß der berühmte Platz in Schwabing noch Feilitzschplatz, benannt nach dem bayerischen Staatsminister Maximilian von Feilitzsch – und für viele Münchner heißt er immer noch so. Während der NS-Zeit wurde er in Danziger Freiheit umbenannt. Zu Ehren der Widerstandsbewegung »Freiheitsaktion Bayern« erhielt er 1946 seinen heutigen Namen. Rund 1.400 Wehrmachtssoldaten und Zivilisten hatten wenige Tage vor Kriegsende versucht, einen Aufstand in der Bevölkerung anzuzetteln, um eine gewaltlose Kapitulation zu erreichen. Dabei besetzten sie unter anderem die Sendeanlage des Reichssenders München. Statt Propaganda tönte es deshalb am Morgen des 28. April aus den Radios: »Achtung, Achtung! Sie hören den Sender der Freiheitsaktion Bayern.« Doch der Versuch, die Bevölkerung zur Kapitulation und zum Widerstand gegen die Nazis aufzufordern, wurde von der SS brutal niedergeschlagen – obwohl oder vielleicht gerade, weil die amerikanischen Truppen bereits vor den Toren der Stadt angekommen waren.

TIPP

ZEIT IN EINER EINSAMEN HÜTTE VERBRINGEN

WIMMER ALM AM SAMERBERG

83122 Samerberg
www.huettenland.com

Viele von uns verbinden die Vorstellung der einsamen Hütte inmitten der Alpen sofort mit Heidi, der aufgeweckten Kinderheldin, deren Abenteuer in genau so einer Idylle begann. Oft vergessen wir dabei, dass sich die Weiten der Alpenlandschaft in unmittelbarer Nähe befinden. Etwa eine Stunde von München entfernt liegt die gemütliche Wimmer Alm am Samerberg. Auf circa 775 Meter Höhe könnt ihr in dieser charmanten Hütte im Alpenhochtal einen romantischen Urlaub verbringen. Wenn ihr eine Auszeit vom hektischen Arbeitsleben braucht, dann findet ihr in dem urig-bayerischen Häuschen sicher etwas Ruhe. Im nahe gelegenen Naturbad kann man, umringt von einer gewaltigen Berglandschaft und dem saftigen Grün der Tannen, eine atemberaubende Aussicht genießen und dabei die Seele baumeln lassen.

Entspannung ist aber nicht alles. Abenteuerlustige kommen hier ebenfalls auf ihre Kosten. Im Frühling, Sommer und Herbst könnt ihr euch auf Mountainbikes im Bikepark austoben oder auf eine der Wanderrouten begeben, die direkt an der Hochries vorbeiführen. Dieses über 1.500 Meter hohe Urgestein kann auch mit Hilfe eines Sessellifts und einer Seilbahn erklommen werden. Von oben könnt ihr bei einem Tandemflug mit dem Gleitschirm nach unten schweben. Wer im Winter nicht auf frische Alpenluft verzichten will, für den gibt es Schneeschuhwanderungen, eine Vielzahl an Rodelstrecken und einige Skiregionen in der Umgebung. Nach einem langen Tag könnt ihr euch auf einen ruhigen Abend vorm Kaminfeuer freuen.

EINEN ENTSPANNTEN MÄDELSTAG VERBRINGEN

MÜLLER'SCHES VOLKSBAD

Rosenheimer Straße 1, 81667 München
www.swm.de
ÖPNV: Haltestelle Deutsches Museum

Jeden Dienstag findet von 15 bis 20 Uhr im Müller'schen Volksbad der Frauenbadetag statt. Die Statistik zeigt, dass sich, wenn man den Damen die Möglichkeit gibt, unter sich zu bleiben, gegenüber einem gemischten Betrieb die Besucherzahl erhöht, und zwar gleich um ein Drittel. Ein Drittel der badenden Frauen nutzt diese Möglichkeit aus persönlichen Gründen und zwei Drittel aus religiösen Gründen. Das Frauenschwimmen wurde tatsächlich auch für Migrantinnen eingeführt: Am Frauenbadetag wird ausschließlich weibliches Personal eingesetzt. Man kann von außen nicht in die Damenhalle sehen, Familien mit Kindern und die Herren müssen zu einem anderen Zeitpunkt schwimmen gehen. Am Frauenbadetag werden auch Schwimmkurse für Frauen und Mädchen angeboten, ebenfalls nur von weiblichem Personal. Und vielleicht möchte frau ja mal mit ihrer besten Freundin einen Schwimmnachmittag einlegen, so ganz ohne männliche Beobachtung? Nicht umsonst gibt es ja auch nach Geschlechtern getrennte Saunatage.

Ein Besuch im Müller'schen Volksbad lohnt sich natürlich sowieso: Bei seiner Fertigstellung 1901 war es das größte und teuerste Schwimmbad der Welt! Und das sieht man noch heute. Der neubarocke Jugendstilbau zählt zu den schönsten Badehäusern der Welt. Es wurde an ebenjenem Platz gebaut, an dem Ludwig II. eigentlich das Opernhaus für Richard Wagner erbauen lassen wollte. Bei seiner Eröffnung badeten die Geschlechter übrigens auch noch getrennt: Das

größere Becken (31 × 12 Meter) war das Herrenbecken, das kleinere (18 × 11 Meter) diente bis 1989 (!) ausschließlich als »Damenbecken«. Früher ging man nicht nur zum Schwimmen in dieses schöne Bad, sondern auch, um sich zu brausen oder zu baden: 86 Wannenbäder und 22 Brausebäder standen damals den sich nach Hygiene sehnenden Münchnern zur Verfügung. Und bis 1978 gab es im Untergeschoss sogar ein Hundebad. Man zahlte für seinen Hund Eintritt – je nach Größe desselben –, die Hunde wurden geschoren, mit Seife abgebürstet und abgebraust. Dann durften sie in einem Schwimmbecken schwimmen und wurden anschließend in die Ställe gesperrt, bis sie trocken waren.

Das Bad wurde übrigens von Karl Müller gestiftet, daher der Name: Er stiftete Immobilien im Wert von 1,5 Millionen Deutsche Mark an die Stadt München, und diese sollte aus dem Erlös des Verkaufs dieser Immobilien ein Bad für die Bürger, vor allem für mittellose Bürger, einrichten. Auch heute noch gibt es den sogenannten Waschtrakt: Dort kann man sich gegen ein kleines Entgelt 30 Minuten unter die Dusche stellen (das kostet 2,20 Euro) oder eine Dreiviertelstunde baden (Kostenpunkt 3,50 Euro). Und die Badegäste können eine zusätzliche Dusch- oder Wannenkarte kaufen, die dann bedürftigen Bürgern zur Verfügung steht. Wer nach ausgiebigem Schwimmen eine Stärkung braucht, dem sei das Café im Müller'schen Volksbad empfohlen. Hier überzeugen nicht nur die Kuchen, sondern auch die hohe, stuckverzierte Decke und die alte Theke. Und danach fühlt man sich, als hätte man eine Zeitreise in die Jugendstil-Ära unternommen.

SCHWITZEN, SCHWITZEN, SCHWITZEN

Wer sich nach dem Schwimmen richtig entspannen will, geht in die Sauna. Das Müller'sche Volksbad bietet eine ganze Variation von Saunalandschaften.

Etwa die finnische Sauna – sie ist nicht nur ein Klassiker unter den Schwitzlandschaften, sie gehört mit zwischen 85 und 110 Grad auch zu den heißesten. In Finnland ist sie fester Bestandteil des Alltags und gilt von jeher als richtig gesund. Dabei war sie auch immer gesellschaftlicher Austauschort. Und lässt es sich nicht, ganz nebenbei und während man seine Giftstoffe loswird, wunderbar über Gott und die Welt reden?

Eine andere Form des Schwitzbades, das römisch-irische Schwitzbad, läuft in verschiedenen Stationen ab, sodass sich Herz und Kreislauf an die feuchtwarme Umgebung gewöhnen können. Nachdem man sich erst mal richtig entgiftet hat, kann man frische Luft im Hof tanken, den Ruheraum besuchen oder sich bei einer Massage verwöhnen lassen: Die Muskeln werden gelockert, die Anspannungen aus Berufs- und Alltagsleben fallen ab, und man geht entspannt auf den nächsten Tag zu.

TIPP

ENTSPANNEN IM DAMPFBAD

HAMAM ANATOLIA

Wirtstraße 1b, 81539 München
www.hamamanatolia.de
ÖPNV: Haltestelle Tegernseer Landstraße

Lust auf eine magische Zeitreise in den Orient, und das ganz ohne Zeitmaschine? Im Hamam Anatolia, dem authentischen Nachbau eines echten türkischen Dampfbads, lässt es sich mit allen Sinnen genießen, und das gern zu zweit. Nach einem Begrüßungstee könnt ihr in dem magischen Kellergewölbe des früheren Weinlagers bei Kerzenlicht und Rosenduft den Alltagsstress getrost hinter euch lassen und in einer wohltuenden Umgebung in euch gehen. Der Hamam dient sowohl der körperlichen als auch der seelischen Reinigung. Dabei durchläuft man mehrere Stufen: Zuerst soll man in der Dampfecke ins Schwitzen kommen. Dann wird man mit warmem Wasser abgespült und anschließend auf ein beheiztes Marmorpodest geführt, auf dem Muskeln entspannt und Hautporen geöffnet werden.

Das Dampfbad ist ein wahrer Allrounder, denn das belebende Ritual fördert nicht nur seelischen Frieden, sondern ist auch gut für die Gesundheit. Stoffwechsel, Durchblutung und Herz-Kreislauf-System werden durch die sanften Waschungen angeregt und in Schwung gebracht. Muskelverspannungen werden gelöst und Poren gereinigt. Für zusätzliche Erholung bietet der Hamam Anatolia eine Reihe von verschiedenen Massagen an. Entspannt euch bei einer Seifenschaummassage, umringt von einer duftenden Schaumwolke, oder lasst euch von dem Aroma ätherischer Öle während der Rosenölmassage betören. Im Anschluss lohnt sich ein Besuch in der hauseigenen Bio-Sauna und ein Moment der Besinnung im Ruheraum, in dem man zusätzlich mit Speis und Trank versorgt wird.

DIE LIEBESSCHULE KENNENLERNEN
TANTRA-INSTITUT JEMBATAN

Bahnhofstraße 30, 85609 Aschheim
www.jembatan.de
ÖPNV: Haltestelle Riem

Das Kamasutra wurde vermutlich zwischen 200 und 300 nach Christus geschrieben. Über seinen Verfasser weiß man leider nichts. Das Werk gehört zur indischen Tradition der Lehre über Erotik. Als Leitfaden zu den Themen Erotik und Liebe steht es in enger Beziehung zum Tantra, in dem es um die Transformation der Sexualität geht. Tantra ist ein spiritueller Weg, dessen Wurzeln bis in die Anfänge des Hinduismus vor 4.000 Jahren zurückreichen. Tantra zielt darauf ab, eine höhere Bewusstseinsebene zu erreichen, wobei verschiedene Atemtechniken und Meditationen angewendet werden. Und es geht um die Erweckung und Lenkung der sexuellen Energie. Die oft besungene Einheit von Körper, Geist und Seele fand im Tantra seinen deutlichsten und ehrlichsten Ausdruck.

Das Kamasutra enthält auch die Beschreibungen von Positionen beim Geschlechtsverkehr, was die meisten Menschen mit diesem Buchtitel verbinden, aber eben nicht nur. Vielmehr handelt es sich um eine Liebesschule für Paare. Die detaillierten Schilderungen über das gewünschte Verhalten von Edelmännern, den Umgang mit Kurtisanen, Jungfrauen und Ehefrauen, vor allem aber die Ausführungen über die Liebesstellungen und erotischen Umarmungen haben das Buch, dessen Quellen sich bis in die indische Mythologie zurückverfolgen lassen, weltweit bekannt gemacht. Was aber ist nun ein Kamasutra-Kurs? Wilder Gruppensex? Das Abarbeiten der besagten Stellungen? Nein, es handelt sich hierbei vielmehr um eine Liebesschule mit einer

sehr speziellen Form der Tantra-Massage und viel Zeit für eure Zweisamkeit. Der Kurs ist auch nur Paaren vorbehalten.

Elvira und Gérard leiten seit zehn Jahren das Tantra-Institut Jembatan, das alle Arten von Kursen und Fortbildungen anbietet, sowohl in München als auch in den Hügeln des Bayerischen Waldes. Beim

Kamasutra-Kurs handelt es sich um eine spielerisch-sinnliche Reise, eine Reise auf den Spuren alten indischen Wissens. Dazu gehört auch das Buch des Vatsyayana Kamasutra, aber es geht hier eben nicht nur um die 99 Stellungen beim Geschlechtsverkehr, sondern um den darin verborgenen, viel größeren Schatz, nämlich den Umgang zwischen Frau und Mann und die darin enthaltene Schule der 64 Künste der Liebe, wie Singen und Tanzen, Dichten und Spielen, Liebkosen und Berühren, Küssen und Beißen, Baden in wohlriechenden Düften, schöne Kleidung und vieles mehr. Konkret wird in diesem Seminar erlernt, wie man seiner Partnerin/seinem Partner die volle Aufmerksamkeit schenkt, wie man jedes Detail und Körperteil seiner/seines Geliebten verehrt und ganz viel Zeit und Hingabe schenkt, wie man zusammen in einen gemeinsamen Fluss der Energien kommt und wie man in lustvoller Energie zusammen ist, ohne ein Ziel vor Augen zu haben. Schritt für Schritt werden die Teilnehmer eingeladen, den Alltagsstress fallen zu lassen, sich neu wahrzunehmen und das gemeinsame Leben zu entschleunigen. So werden die Teilnehmer auf den Weg zu größerer Nähe und Intimität geführt. Der vorhergehende Besuch eines Tantra-Seminars wird empfohlen.

MIT DEM LIEBLINGSMENSCHEN

*Zusammen
kreativ werden*

GEMEINSAM
EINEN STRAUSS BINDEN
BAYERISCHE BLUMENZENTRALE

Münchener Straße 2a, 85599 Parsdorf
www.dekozentrale.de
ÖPNV: Parsdorf, Am Lerchenfeld

Natürlich weiß jedermann, dass die Rose für Leidenschaft und Liebe steht, zumindest, wenn sie in Rot verschenkt wird. Doch wie sieht es mit Gerbera, Nelke oder Sonnenblume aus? Gut, es wird Fachleute geben, die wissen, dass die Gerbera besagt, alles wird schöner, und dass die Nelke in Rot für Leidenschaft steht, in Weiß für Treue, in Gelb dagegen eine Antipathie gegenüber dem Beschenkten ausdrückt. Und dass die Sonnenblume für Fröhlichkeit und menschliche Wärme steht. Doch es geht auch komplizierter! Die Ranunkeln besagen: »Du bist klasse!«, und die Calla kann nicht nur als Ausdruck der Trauer verstanden werden, sondern auch aussagen: »Ich bin fasziniert von dir!«

Wer sich nicht nur mit der Sprache der Blumen beschäftigen, sondern auch lernen möchte, wie man Sträuße bindet, der ist bei der Bayerischen Blumenzentrale in Parsdorf an der richtigen Stelle. Hier gibt es alle Kurse rund um die Blume, die man sich überhaupt nur vorstellen kann: Kurse zu Brautsträußen, Kopf-, Hut- und Körperblumenschmuck, Blütenkränzen, Tischdekorationen, Allerheiligengestecken, Adventsgestecken, Türkränzen, Weihnachtsgestecken … Die Kurse werden sowohl für Profis als auch für Anfänger gegeben. Sehr nett ist dabei, dass es stets ein gemeinsames Mittagessen mit der Gelegenheit zu angeregtem Austausch gibt. Wer eine blumenbegeisterte Freundin hat, der macht ihr mit einem Gutschein für einen Floristikkurs sicherlich eine große Freude – gemeinsam kann man dann einen ganzen Tag lang in den Blüten versinken.

DAS LEBENSELIXIER DER BAYERN BRAUEN
HADERNER BRÄU

Großhaderner Straße 16, 81375 München
www.haderner.de/braukurse-muenchen-hadern
ÖPNV: Haltestelle Großhadern

München gilt als die Hauptstadt des Bieres – hier trinkt man es oft, und man tut es gern. Mit knapp der Hälfte aller Brauereien in Deutschland gehört in Bayern das Bier eigentlich schon zur Kultur und ist ein fester Bestandteil des öffentlichen und privaten Lebens. Für viele Menschen bedeutet Feierabend, sich in einer Wirtschaft niederzulassen und mit Freunden und Kollegen mit einem Hellen anzustoßen. Andere wiederum heben sich den Genuss für die eigenen vier Wände auf. Dabei ist bestimmt einigen schon einmal der Gedanke gekommen: Wie schön wäre es nun, nach einem Tag harter Arbeit das ganz eigene Bier genießen zu können.

Der Braukurs der Haderner Brauerei macht es möglich! Werdet selbst zum Braumeister und lernt von erfahrenen Bierbrauern, wie man richtig schrotet und läutert, und legt selbst Hand an bei der Heißtrub-Abscheidung und Hefegabe. Und da Bier nicht gleich Bier ist, könnt ihr zwischen drei verschiedenen Kursen wählen: Braut euch euer eigenes Weißbier, Helles oder IPA, das amerikanische Trendbier. Am besten stellt ihr also sicher, dass eure Begleitperson euren Geschmack teilt! Während des sechsstündigen Kurses erfahrt ihr alles über die richtigen Zutaten, gängige Brausysteme und sogar den Bau eigener Gerätschaften. Für genügend Verpflegung ist ebenfalls gesorgt: Auf euch warten leckere Bio-Burger nach Wahl. Nach drei Wochen kann das Bier dann abgeholt werden. Setzt euch bei Sonnenuntergang auf den Olympiaberg und genießt euer selbst gebrautes Bier in vertrauter Gesellschaft.

WIE ZU GROSSMUTTERS ZEITEN SCHNEIDERN
ORAG-HAUS

Oberanger 9, 80331 München
www.orag.de
ÖPNV: Haltestelle Marienplatz

Handarbeiten liegt nicht im Trend, und kaum etwas wird noch selbst genäht. Die großen Stoffgeschäfte in München gibt es schon lange nicht mehr, und vielen sagt der Begriff »Kurzwaren« gar nichts. Aber falls ihr einen Herzensmenschen habt, der gern mit Nadel und Faden arbeitet, dann wird ihn ein Besuch im Orag-Haus begeistern. Orag ist die Abkürzung für »Oberbayerische Rohstoff- und Arbeitsgemeinschaft«. Sie entstand Ende des 19. Jahrhunderts, als es zahlreiche Schneider in München gab. Damals wurde es gang und gäbe, dasselbe Kleidungsstück in bestimmten Größen auf Vorrat zu fertigen, was die Schneider allerdings vor Probleme stellte. Denn Einzelhändler kauften Stoffe in großen Mengen und ließen von kleineren Schneidereibetrieben Kleider für wenig Lohn anfertigen. Die Schneider sahen sich bald nur noch als Zuarbeiter der Händler. Ein Ausweg war es, gemeinsam günstig einzukaufen und den Kunden komplette Outfits anzubieten. 1929 zog die Orag in das heute denkmalgeschützte Haus am Oberanger; das Geschäft gibt es immer noch, es beliefert Unternehmen in ganz Deutschland, darunter Theater- und Opernhäuser.

Hier gibt es alles, was man zum Nähen braucht, 100.000 verschiedene Reißverschlüsse, von den Knöpfen möchte man gar nicht anfangen; man munkelt, dass die nach Farben geordnete Sammlung mehrere Hunderttausend unterschiedliche Stücke umfasst! Außerdem gibt es Markierhilfen, Nähringe, Druckknöpfe und vieles mehr. Beratung vom Fachpersonal inklusive.

DIE SCHWARZE KUNST ERLERNEN

HANDSATZWERKSTATT FLIEGENKOPF

Wörthstraße 42, 81667 München
www.fliegenkopf-muenchen.de
ÖPNV: Haltestelle München Ost

Was ist ein Fliegenkopf? Ja, der Kopf eines Insekts, aber auch eine versehentlich kopfüber gesetzte Letter. Das verstehen Drucker unter einem Fliegenkopf. Und Fliegenkopf ist der Name für die Handsatzwerkstatt von Christa Schwarztrauber. Ende der achtziger Jahre erfüllte sie sich den Traum von einer Werkstatt in Haidhausen. Hier befindet sich ein Schatz von gesammelten Holzschriften und Restbeständen aus aufgelösten Druckereien. In diesem Ambiente kann man zu zweit oder in Gruppen die Schwarze Kunst erlernen. Ein Vergnügen für alle, die sich von Buchdruck oder von schön gestalteten Visitenkarten, Briefpapier oder Grußkarten angezogen fühlen.

Es ist kaum zu glauben, dass alles, was bis in die siebziger Jahre in »druckschriftlicher« Art zu vervielfältigen war, zu einer Druckerei gebracht werden musste, wo der Text im Handsatz mit Bleilettern oder im Maschinensatz durch Gusszeilen gesetzt wurde. Jede Schriftgröße, jede Schriftart benötigte einen eigenen Setzkasten oder ein eigenes Setzmaschinenmagazin. Christa Schwarztrauber machte eine Ausbildung als Schriftsetzerin im elterlichen Druckereibetrieb und 1966 ihre Meisterprüfung in München. Sie ist nicht nur überaus reizend, sie hat auch gute Nerven – die man braucht, denn Setzen ist ein Handwerk, das Präzision erfordert. Manches geht beim ersten Versuch schief, wenn man sich nicht alles zunächst in einem Spiegel durchliest. Aber wenn man es einmal raushat, dann sind die handgepressten Drucke viel schöner als alles maschinell Gefertigte.

BAYERISCHE KULTUR ERLERNEN
SCHAFKOPF-AKADEMIE

Michael-Steiger-Straße 24, 85229 Markt Indersdorf
www.schafkopf-akademie.de
ÖPNV: Haltestelle Markt Indersdorf Bahnhof

Zur bayerischen Kultur gehören nicht nur gutes Bier und die Wiesn. Bayerischer Schafkopf ist eines der beliebtesten Kartenspiele des Bundeslandes und ebenso fester Bestandteil der Freizeitkultur wie Schuhplatteln und Fingerhakeln. Während die digitale Spielewelt an Bedeutung zunimmt, ist zeitgleich ein Rückgang von analogem Traditionssport und -spiel zu erkennen. Kaum noch einer lernt von seinen Eltern, wie man Wallachen spielt, und die wenigsten haben jemals von Watten gehört. Um eines der noch am weitesten verbreiteten altbayerischen Kartenspiele nicht in Vergessenheit geraten zu lassen, bietet die Schafkopf-Akademie eine Reihe von Kursen an.

In gemütlichen Wirtshäusern lernt ihr gemeinsam in freundlich spielerischer Atmosphäre, wie man mit den Karten richtig umgeht. Als Anfänger trefft ihr euch dafür an drei verschiedenen Abenden und erfahrt alles über Sauspiel, Wenz und Spielberechnung. Es wird dabei komplett ohne Geldeinsätze gespielt. In erster Linie geht es um Spaß am Spiel. Wenn ihr schon etwas Erfahrung habt, könnt ihr euer Wissen im Kurs für Fortgeschrittene an zwei weiteren Abenden vertiefen oder bereits vorhandene Kenntnisse etwas auffrischen, um mehr über taktische Spielzüge und die verschiedenen Variationen des Spiels, wie etwa Hochzeit, Bettel, Ramsch oder Schieber, zu lernen. Bei der hauseigenen Turnierreihe könnt ihr euer neues Talent unter Beweis stellen. Nehmt gemeinsam an Schafkopfwettkämpfen teil oder veranstaltet eure private Meisterschaft bei euch zu Hause.

FANTASIE HABEN HEISST NICHT,

SICH ETWAS AUSZUDENKEN,

ES HEISST,

SICH AUS DEN DINGEN ETWAS ZU MACHEN.

(THOMAS MANN, DEUTSCHER SCHRIFTSTELLER)

DIY: VEGANE HANDCREME SELBST HERSTELLEN

Wie wäre es, wenn man mit der besten Freundin einmal Handcreme selbst machen würde?

Das ist vegan, man kann sie in nachhaltigen Gefäßen aufbewahren, es macht großen Spaß, und die Creme pflegt die Hände ganz ungemein.

Man braucht dazu in etwa 20 Gramm Kakaobutter, 15 Gramm Bienenwachs, 40 Gramm Sheabutter, zwei Esslöffel pflegendes Öl und fünf Tropfen ätherisches Öl.

Kakaobutter, Bienenwachs und Öl werden in einem Wasserbad erwärmt, und wenn alles geschmolzen ist, wird die Sheabutter hineingemischt. Dann fügt man das ätherische Öl hinzu. Die Masse wird in ein Schraubglas gefüllt, welches frisch ausgespült sein sollte, am besten in der Spülmaschine – und fertig.

TIPP

SELBSTFÜRSORGE ÜBEN
AYURVEDA INSTITUT

Pirolstraße 7, 81249 München
www.ayurveda-institut-muenchen.de
ÖPNV: Haltestelle Lochhausen

Die Lehre der ayurvedischen Heilkunst ist Tausende von Jahren alt. Doch heutzutage, wo wir durch Stress und ungesunde Ernährung unserem Körper nachgerade zusetzen, erlangt dieses Wissen im Westen immer mehr an Bedeutung. Bei Ayurveda geht es darum, das körperliche und seelische Gleichgewicht wiederherzustellen, basierend auf den fünf Elementen Raum, Wasser, Erde, Luft und Feuer. Gebündelt sind sie für Lebensenergie, Wachstum und Stabilität sowie Stoffwechsel und Verdauung zuständig. Hier stehen die individuellen Bedürfnisse eines jeden Menschen im Vordergrund. Herauszufinden, ob man nun besser scharf oder doch mild essen oder Lebensmittel wie Käse und Kohl meiden sollte, ist gar nicht so leicht.

Im Kochkurs des Ayurveda Instituts München könnt ihr euch von Experten an das Thema heranführen lassen. Und da ayurvedisches Essen in Gesellschaft eingenommen werden sollte, bietet der Kurs die ideale Gelegenheit für einen Nachmittag zu zweit. Zusammen lernt ihr, wie man selbst Ghee, indisches Butterschmalz, herstellt und welche medizinische Wirkung verschiedene Kräuter und Gewürze haben. Auf dem Menü stehen unter anderem Dal, Gemüsecurry, Chutney und Raita. Wenn euch das nichts sagt, ist ein Besuch des Kurses umso empfehlenswerter, um nicht nur die Lehre des Ayurveda, sondern auch die indische Küche kennenzulernen. Während ihr euer selbst gekochtes Essen genießt, erfahrt ihr alles, was es über die Essenskultur zu wissen gibt. Mitbringen müsst ihr eine Schürze und Hausschuhe. Gutes Gelingen!

WILDE PFLANZEN ERKUNDEN

KRÄUTERWANDERUNG

Zugspitzstraße 2, 82327 Tutzing
www.kräuterwanderungen-münchen.de
ÖPNV: Haltestelle Tutzing

In einer so großen und vor allem schönen Metropole wie München vergisst man leicht, was die Natur in und um die Stadt herum alles zu bieten hat. Als »Pflanzenverbündete« möchte Caroline Deiß an die verborgenen Schätze der Umwelt erinnern. Auf ihren Kräuterwanderungen dreht sich alles rund um die Geheimnisse der Kräuterwelt. Hier werden Bäume, Blumen und Sträucher genauestens unter die Lupe genommen – denn Grünzeug ist nicht gleich Grünzeug. Jede Pflanze besitzt ihren ganz eigenen Charakter, und es gilt, sich damit in Verbindung zu setzen und in Einklang zu bringen. Schon vor Jahrtausenden erkannten antike Kulturen die heilende Kraft der Flora, und Caroline lehrt, wie diese auch heutzutage bei gesundheitlichen oder seelischen Problemen von Nutzen sein kann.

Die dreistündige Kräuterwanderung verspricht einen wunderschönen Tag im Grünen und ein gemeinsames Lernen und Verstehen von nützlichem Wissen über 60 essbare Wildpflanzen. Ihr werdet staunen, was Münchens Wiesen alles zu bieten haben! Was ihr hier lernt, könnt ihr auch ganz einfach auf zukünftigen Ausflügen in die Natur anwenden. Trefft euch doch zur gemeinsamen Kräutersuche – so wird ein Spaziergang zu einer kleinen Schatzsuche. Mit den frischen Fundstücken könnt ihr euch einen leckeren Smoothie zubereiten. Wie das geht, erfahrt ihr in einem von Carolines Kräuterkochkursen im Anschluss an jede Kräuterwanderung, bei denen man zusätzlich über die Verarbeitung der Wildpflanzen informiert wird und gemeinsam ein Fünf-Gänge-Menü zaubert.

INTUITIVES MALEN AUSPROBIEREN
MALATELIER BUNT UND LEBENDIG

Johann-Fichte-Straße 12, 80805 München-Schwabing
www.buntundlebendig.de
ÖPNV: Haltestelle Parzivalplatz

In vielen von uns steckt ein kreativer Geist, der durch einen oftmals stressigen Alltag unterdrückt wird. In dem Halbtagesworkshop »Intuitives Malen« von Bunt und LEBENdig kann man seiner Phantasie endlich freien Lauf lassen. Besonders für Menschen, die Schwierigkeiten haben, ihre Gefühle und Gedanken in Worte zu fassen, lassen sich Wünsche, Träume und Bedürfnisse hier auf eine besondere Weise kommunizieren. Es gibt dabei keine Vorgabe. Die einzigen Grenzen, die der Kreativität gesetzt sind, sind die Ränder der Leinwand. Wichtig ist nur, sich von zu hohen Erwartungen an sich selbst zu lösen und sich völlig dem Malen hinzugeben. Der kreative Prozess steht hier im Vordergrund und soll einem zu Selbsterkenntnis und stärkerer Eigenwahrnehmung verhelfen.

Intuitives Malen wird oft als heilsames Malen bezeichnet. Es geht darum, in sich hineinzuhorchen und inneres Wachstum zu fördern. Es soll sowohl entspannen als auch zum Nachdenken anregen. Vor allem aber soll es Spaß machen! Und da künstlerisches Genie oft eine Muse voraussetzt, besucht den Workshop doch ganz einfach zu zweit! Für diese recht intimen Momente nimmt man sich am besten eine Person mit, die einem sehr nahesteht. Im Zweifelsfall kann diese Zuspruch geben und dabei helfen, mentale Blockaden zu überwinden. Mit dem Gegenüber lässt es sich am Ende des Tages auch wunderbar über das Erlebte reflektieren. Dadurch lernt man sich besser kennen, tauscht Impulse und Inspirationen aus und wächst hoffentlich noch enger zusammen.

LECKEREIEN BACKEN
BAKENIGHT

www.bakenight.com

Selbst gebacken schmeckt doch immer am besten! Wie das geht, lernt man bei der Bakenight. Hier wird mit Meisterbäckern und Konditoren zusammengearbeitet, die ihr Wissen nicht nur aus dem Kochbuch beziehen, sondern sich ein breites Repertoire an kulinarischem Know-how durch jahrelange praktische Arbeit angeeignet haben. Deshalb erhaltet ihr bei diesem Workshop eine professionelle Betreuung und eine verständliche Anleitung, außerdem werdet ihr mit Tipps und Tricks versorgt. Zusätzlich gibt es einen Einblick in die Werkstatt eines jeden Bäckers, denn das Erlebnis findet jeweils in den eigenen Backstuben statt. Durch das breit gefächerte Angebot an Kursen kommt garantiert jeder Feinschmecker auf seine Kosten: Klassiker wie Sauerteigbrot und Brezen, aber auch Festtagsleckereien und süße Köstlichkeiten.

Erschaffe dein eigenes Produkt und teile diesen Erfolg am besten mit einer zweiten Person. Gemeinsam könnt ihr hier den Schneebesen und das Nudelholz schwingen. Man verbringt den Abend in einer kleinen Gruppe von Menschen, die alle dieselbe Leidenschaft teilen. Mitbringen müsst ihr dafür nur Spaß am Backen: Zutaten, Ausstattung und Utensilien werden zur Verfügung gestellt. Falls euch zwischendrin der Heißhunger packt, stehen außerdem frisches Brot oder Brezen zum Probieren bereit. Diesen Kochkurs verlässt man mit wertvollem Wissen, aber auch mit einem wohligen Gefühl der Gemeinschaft, das sonst nur ein gemütlicher Abend unter Freunden auslöst, und garantiert auch mit einem Hauch von Stolz.

WEBEN LERNEN
IM GEWERBEHOF
DAMASTHANDWEBEREI

Gollierstraße 70 (MGH), Aufgang C, 2. OG, 80339 München
www.damasthandweberei.de
ÖPNV: Haltestelle Gollierplatz

Weben ist eine faszinierende Beschäftigung: Man kommt total in den Flow, und das Ganze ist wie eine Meditation – wenn man erst einmal den Rhythmus zwischen den Pedalen und der Führung des Webschiffchens verinnerlicht hat. Im Gegensatz zum Spinnen kommt Weben selten in Märchen vor, das liegt daran, dass man sich beim Weben nicht unterhalten kann: Konzentration ist gefragt!

Weben ist eine der ältesten Kulturtechniken, und wer schon einmal vor farbenprächtigen Gobelins stand und sich gefragt hat, wie so etwas eigentlich hergestellt wird, der könnte vielleicht einen Web-Kurs besuchen. Von Wissenschaftlern wurde nachgewiesen, dass seit 32.000 Jahren gewoben wird – so alt sind die ältesten textilen Überreste, die man bisher gefunden hat und die aus dem Kaukasus stammen. Verwebt wurden Flachs- und Brennnesselfasern. Weben ist also älter als beispielsweise die Töpferei. Aus jeder Hochkultur sind faszinierende Zeugnisse der Web-Geschichte überliefert: aus Ägypten, aus Syrien, aus Babylon, aus Phönizien, aus Persien, aus Arabien, aus Griechenland und von den Römern. Damals webten viele Männer – heute ist Weben eher Frauensache:

Warum sich also nicht mit der Lieblingsfreundin auf eine so alte und faszinierende Technik einlassen? Und zwar am besten bei einer Meisterin ihres Fachs, nämlich Sylvia Wiechmann. Frau Wiechmann ist Webmeisterin, und der Schwerpunkt ihrer Arbeiten liegt auf Jacquard- und Damastgewebe. Ihre Werkstatt, die sie zusammen mit einer

Kollegin betreibt, befindet sich im Gewerbehof Westend, direkt an der Donnersberger Brücke. In der Werkstatt stehen fünf riesige Webstühle, die am Anfang ganz schön einschüchternd sein können, da sie wie komplexe Maschinen aussehen; darunter ein etwa 100 Jahre alter Jac-

quard-Webstuhl, ein Damast-Webstuhl und ein kleiner Kontermarsch-Webstuhl. Man kann bei Frau Wiechmann zum Beispiel den Schnupperwebkurs besuchen, bei dem der Webstuhl bereits vorbereitet ist. Die Kette, das sind die Fäden, die auf dem Webrahmen bereits vorhanden sind und durch die man das Webschiffchen führt, ist dieses Mal aus wollweißer, handgesponnener Schurwolle – es kann jedoch jedes Mal anders sein. In zwei Tagen schafft man auch als Anfänger einen Meter, und wenn man das Gewebe bei 60 Grad wäscht, kommt ein wunderschöner, fest gewalkter Stoff heraus, aus dem man dann Westen, Kissen oder Taschen nähen kann. Der Kurs ist eigentlich für Einzelpersonen gedacht, aber natürlich kann man mit Frau Wiechmann sprechen und dann den Kurs zu zweit besuchen: Man muss sich allerdings darauf einlassen, dass man ein Gewebe zusammen webt. Das ist aber überhaupt nicht schlimm, denn erstens hat es etwas sehr Gemeinschaftliches, wenn man sich auf das Kreieren eines Objekts zusammen einlässt, und zweitens kann man Pausen einlegen, denn für Ungeübte kann Weben ganz schön anstrengend sein: Die Bewegungen sind doch sehr ungewohnt.

Wer es ganz genau wissen will, kann einen Standardkurs belegen; in diesem Crashkurs lernt man auch, wie man den Webstuhl einrichtet, wie das Material berechnet wird, wie die Kette geschoren wird und so weiter. Hierfür muss man aber dreieinhalb Tage einrechnen. Der Schnupperkurs dauert zwei Tage. Aber Achtung: Weben macht süchtig!

ALLE UNTER EINEM DACH

Den Münchner Gewerbehof im Westend gibt es schon seit 1984. Wie alle Gewerbehöfe hat er ein simples wie wichtiges Ziel, nämlich Wohnen und Arbeiten zu verbinden. Denn es ist – das wissen wir heute mehr denn je – keine Selbstverständlichkeit, dass große Wirtschaftsstandorte mitten in der Stadt bestehen dürfen. Im Gewerbehof Westend gibt es etwa 127 Betriebe auf einem Fleck, und das in einem wunderbaren Wohnviertel und nicht in einem von der eigenen Wohnung meist weit entfernt liegenden Industriegebiet. Hier sind Kunsthandwerker und klassische Betriebe angesiedelt: Es finden sich also Instrumentenbauer und Schreiner, unter anderem auch eine Druckerei, ein unabhängiger Verlag, ein Orthopädietechniker, eine Posamenten-Manufaktur, in der aufwendige Quasten und Borten entstehen, und ein Möbelrestaurateur, der schon einen neuen Ambo für den Petersdom gefertigt hat, oder eben eine stadtbekannte Weberei. Früher stand hier die Fabrik der Metzeler Gummiwerke, heute findet sich hier eine ganze Welt des Handwerks.

TIPP

IN DIE ZUKUNFT BLICKEN

ASTROLOGIE- UND TAROTSCHULE

An der Ottosäule 7, 85521 Ottobrunn
www.astro-tarot-muenchen.de
ÖPNV: Haltestelle Ottobrunn

Probleme bei der Arbeit, Stress mit den Freunden oder Liebeskrise – da sehnen sich viele Menschen nach Klarheit, Orientierung und vor allem Hoffnung. Der Blick schweift dann schon einmal gern zum Horoskop der Woche, oder man greift zu einem zweiten Glückskeks. Wer sein Schicksal nicht weiter in die Hände fremder Hobbyastrologen legen möchte, für den lohnt sich ein Besuch in der Astrologie- und Tarotschule München. Hier wird mit offenen (Tarot-)Karten gespielt: Mit über 25-jähriger Erfahrung in der Lebensberatung und einer psychotherapeutischen Ausbildung hat es Sabine Lechleuthner sich zur Aufgabe gemacht, ihren Klienten in den Bereichen Astrologie, Traum und Tarot zur Seite zu stehen. Hier können Unsicherheiten angesprochen werden – und das am besten nicht allein. Denn ein gemeinsamer Blick in die Zukunft kann zusammenschweißen.

Egal, ob in Begleitung von Eltern, Freunden oder dem Partner – hier erfahrt ihr, unter welchem Stern eure Beziehung steht. Zusammen erarbeitet man Schwächen und Stärken, stellt sich Träumen und Ängsten und lernt so sich selbst und auch das Gegenüber besser kennen. Ein Beziehungshoroskop könnte Anlass sein, unverarbeitetem Ärger Luft zu machen und gezielt nach Lösungsmöglichkeiten zu suchen. Wenn ihr gern selbst euer astrologisches Talent unter Beweis stellen möchtet, könnt ihr einen von Sabine Lechleuthners Kursen in Astrologie und Tarot absolvieren. Hier lernt man alles, was es zur Deutung der Sterne und dem Auswerten der Karten zu wissen gibt.

GEMÜTLICHE SPIELEABENDE VERBRINGEN
RIFFRAFF

Tegernseer Landstraße 96, 81539 München
www.riffraff-bar.com
ÖPNV: Haltestelle Silberhornstraße

Brettspiele teilen ja bekanntlich die Menschheit in zwei Lager: Die eine Hälfte liebt Glücksspiele wie Mensch ärgere Dich nicht, die andere steht auf Spiele, die strategisches Denken und Scharfsinn erfordern – wie Mühle, Schach oder Monopoly. Bevor man also beschließt, einen Spieleabend zu veranstalten, sollte man sich genau überlegen, wen man dazu einlädt, um späteren Frust zu vermeiden. Hat man aber den perfekten Spielepartner gefunden, dann gibt es neben dem heimischen Küchentisch deutlich reizvollere Orte, um ein Spielbrett aufzubauen: zum Beispiel in der Riffraff-Bar in Giesing! Dort findet einmal im Monat die »Giesinger Board Game Night« statt, die sich ganz der Brettspielkultur verschrieben hat.

Ursprünglich als Flüchtlingshilfe-Projekt initiiert, hat sich der Spieleabend inzwischen als festes Angebot etabliert. Hier treffen alteingesessene Münchner auf Zugezogene, man kann als Gruppe kommen oder auch allein und sich dann einfach vor Ort einer Spieler-Runde anschließen. Am besten informiert man sich vorab auf Facebook über die nächsten Termine. Bleibt nur noch die Frage zu klären, ob man mit seinem Lieblingsmenschen im selben Team oder lieber gegeneinander antreten will … Wer sich am Ende doch ärgert, weil er beim Spielen verloren hat oder weil der andere zu sehr schummelt, der besucht beim nächsten Mal vielleicht lieber eines der anderen Riffraff-Events: zum Beispiel das »Riffraff Rampensau«, bei dem die Bar zur Kleinkunstbühne für Wortakrobaten, Clowns und Musiker wird.

DEN GEMEINSAMEN SONG FINDEN
MILLA CLUB

Holzstraße 28, 80469 München
www.milla-club.de
ÖPNV: Haltestelle Müllerstraße

Einmal im Monat haben Musikinteressierte und Freunde der gepflegten Unterhaltung die Chance, ganz neue und noch unbekannte Acts
kennenzulernen: Beim Milla Song Slam im gleichnamigen Liveclub
darf nämlich jeder auftreten, solange er selbst gemachte Musik mit im
Gepäck hat. Die Auftritte der Künstler sind jeweils auf acht Minuten
begrenzt, in denen sie das Publikum von sich und ihrem Können überzeugen müssen – denn die Zuschauer entscheiden über den Einzug in
die nächste Runde; und zwar per Applaus: Je doller geklatscht wird,
desto größer ist die Chance, ins Halbfinale oder gar in die Endrunde
einzuziehen. Und natürlich macht es Spaß, seinen Favoriten so arg zu
unterstützen, dass die Handflächen brennen.

In dieser überkochenden Stimmung ist der Song Slam in der Milla
eine hervorragende Location für ein erstes Date, denn die Euphorie, die
hier im Publikum zu spüren ist, bricht jedes Eis. Bei flotten Beats kann
man das Tanzbein schwingen, und werden sanftere Töne angeschlagen,
ergibt sich vielleicht die Möglichkeit, sich etwas näherzukommen: Und
wie schön wäre es denn, wenn man bereits beim ersten Treffen SEIN
Lied gefunden hat? Unschlagbar ist auch die familiäre Atmosphäre,
in der man oft mit den Künstlern oder den Mitarbeitern der Milla ins
Plaudern kommt und so auch einmal hinter die Kulissen des Musik-
wettbewerbs blicken kann! Der Song Slam ist nicht die einzige Veran-
staltung in dem Club im Glockenbachviertel: Fast täglich geben sich
hier kleine und große Künstler das Mikrofon in die Hand.

HEMMUNGEN FALLEN LASSEN IM IMPROTHEATER
AGV MÜNCHEN

Ledererstraße 5, 80331 München www.agv-muenchen.de
ÖPNV: Haltestelle Nationaltheater

Was wäre das Leben ohne Improvisation? Improvisieren muss man oft, sei es, dass eine Zutat beim Kochen fehlt, sei es, dass man eine Lücke bei einer Präsentation oder gar in einer Prüfung hat, eben immer, wenn man einmal nicht weiterweiß. Und Improvisieren kann man üben, und zwar im Improvisationstheater schlAGVertig. Vor allen Dingen zu zweit ist das eine sehr gute Übung: Man muss seine Hemmungen fallen lassen und aus sich herauskommen, und das ist etwas, was man oft nicht einmal bei seinen Freunden so einfach tun kann. Aber warum eigentlich nicht? Beim Improvisationstheater kann man zuschauen, man kann aber auch mitmachen. Jeden ersten Sonntag im Monat ist Probe ab 19 Uhr, für jeden zugänglich, im zweiten Stock des AGV, also des Akademischen Gesangvereins München (daher die großgeschriebenen Buchstaben AGV in der Mitte des schlaAGVertigs). Hier gibt es dann einen Crashkurs für alle Improvisationsneulinge oder Neugierige.

SchlAGVertig gibt es seit über fünf Jahren, und die Theatergruppe spielt auf den verschiedensten Bühnen, zum Beispiel im Olympiadorf, auf privaten Weihnachtsfeiern oder auch auf Sommerfesten. Den Akademischen Gesangverein München gibt es seit 1861; es handelt sich dabei um eine musische Studentenverbindung, die weder schlagend noch farbentragend, die religiös ungebunden und unpolitisch ist. Ihr Ziel ist die Förderung von Musik und Theater in München. Hier werden auch Chöre, Orchestergruppen und Tanzkurse angeboten. Also rauf auf die Bretter, die die Welt bedeuten!

GEMEINSAM EINEN BONSAI ERSCHAFFEN

BONSAIGARTEN MÜNCHEN

Schwarzstraße 12, 85604 Zorneding
www.bonsaigarten-munchen.de
ÖPNV: Haltestelle Zorneding

Das Wort Bonsai kommt aus dem Japanischen und heißt wörtlich übersetzt »Landschaft in der Schale«. Die Bäume werden zu malerischen Skulpturen gestaltet, indem man besondere Schnitt- und Kulturverfahren einsetzt. Die Kunst der Bonsais ist über 2.000 Jahre alt. Sie entstand in China, wo man Miniaturlandschaften auf einem Tablett anlegte, erreichte von dort aus Japan und gelangte schließlich Ende des 19. Jahrhunderts auch nach Europa. Fälschlicherweise wird oft angenommen, dass es darum geht, einen Baum klein zu halten. Aber in Wirklichkeit geht es darum, dass die Pflanzschale und der Baum miteinander im Einklang stehen. So besteht auch der japanische Begriff Bonsai aus den Wörtern bon (Schale) und sai (Pflanze). Und es geht darum, dass man sozusagen einen alten Baum in verkleinerter Form nachbildet. Um die Wuchsrichtung von Ästen, Zweigen oder dem Stamm zu verändern, muss man den Bonsai schneiden und die Äste andrahten. Ein gut gepflegter Bonsai wird älter als ein Mensch, und ein Bonsai von hervorragender Qualität kostet mehrere Tausend Euro. Man kann Bonsais im Zimmer, draußen oder im Gewächshaus halten.

Wer jetzt noch weiterliest und zudem vielleicht einen grünen Daumen hat und sich außerdem in eine fernöstliche Kulturtechnik einarbeiten will, für den wäre es doch vielleicht empfehlenswert, einen Bonsaikurs zu belegen. Als Paar ist es besonders schön, einen Bonsai gemeinsam zu erschaffen und wachsen und gedeihen zu sehen, sozusagen als gemeinsames Lebenswerk. Doch es soll nicht verschwiegen

werden, dass das Ganze wirklich kompliziert ist. Daher ist es ratsam, einen Kurs bei einem Fachmann zu belegen. In Zorneding, im Bonsaigarten München, ist dies möglich. Man kann sich nicht nur im dort angelegten Bonsaigarten entspannen und sich vom stressigen Alltag

erholen, sondern auch Zubehör kaufen, heimische Baumarten, japanische Bonsais und Yamadori. Yamadori sind in der Wildnis ausgegrabene und von der Natur geformte Bäume, die dann in der Schale weiterbearbeitet und so zu Bonsais gestaltet werden. Sie sind sehr gut geeignet, weil sie schon alt sind und oft großartige Formen aufweisen. Daneben kann man hier Werkzeug, Zubehör und Literatur erstehen.

Der Bonsaigarten bietet auch Hilfe bei Krankheiten der Bäumchen an, Tipps bei der Gestaltung, bei der Schalenauswahl sowie Urlaubspflege. Die Kurse dauern ein oder zwei Tage und kosten 95 beziehungsweise 180 Euro. Zunächst gibt es eine kurze Begrüßung, dann einen Vortrag, in welchem ein bis drei Bäume besprochen und mit den Teilnehmern diskutiert werden. In kleinen Gruppen werden dann jeweils einzelne Bäume analysiert, und so werden an einem Wochenende mehrere Bäume von einer Person bearbeitet. Es geht um die wichtigen künstlerischen Entscheidungen, um Gestaltungsschritte und spezielle Techniken.

Wer Bonsais züchtet, lernt Hingabe und Zuverlässigkeit, Beständigkeit und Geduld. Ein Bonsai ist ein Lebewesen, für das man Verantwortung übernehmen muss: eine Übung fürs ganze Leben also.

MIT DEM LIEBLINGSMENSCHEN

Köstlichkeiten teilen

SOULFOOD
IN ALLER FRÜHE GENIESSEN
CAFÉ FRISCHHUT

Prälat-Zistl-Straße 8, 80331 München
ÖPNV: Haltestelle Reichenbachplatz

Das Café Frischhut ist eine Institution. Vielen ist es unter dem Namen »Die Schmalznudel« bekannt, und genau darum geht es hier. Um die köstlichsten, frisch ausgebackenen Schmalznudeln, auch Auszogne genannt. Das Café wurde 1973 eröffnet, und seither hat sich nichts verändert. Außer den Auszognen gibt es noch Rohrnudeln mit wechselnder Füllung, Krapfen und Stritzel. Schmalzgebäck eben. Auf Hochdeutsch: Ausgezogene. Sie bestehen aus Hefeteig, der so geformt wird, dass sie in der Mitte ganz dünn sind und außen einen dicken Rand haben, dann werden sie in heißem Schmalz schwimmend ausgebacken und mit Puderzucker bestreut. Um dem Gebäck diese Form zu verleihen, wird es über den Daumen ausgezogen. Am besten schmecken die Auszognen, wenn sie ganz warm serviert werden.

Hip ist am Café Frischhut nichts, außer vielleicht, dass die Küche offen ist und man zuschauen kann, wie die Auszognen frisch ins heiße Fett kommen. Man kann an einem der schönen Holztische Platz nehmen, im Hinterhof oder auf dem Platz vor dem Café. Da hat man einen schönen Blick auf die Schrannenhalle, was am schönsten morgens ist. Dazu trinkt man einen Kaffee. Früher hatte die Schmalznudel schon um 5 Uhr morgens auf, und Fans wissen zu berichten, wie man hier nach einer durchfeierten Nacht gelandet ist. Damals fing das Leben auf dem Viktualienmarkt viel früher an, und so trafen dann hier Marktleute auf Nachtschwärmer. Heutzutage macht die Schmalznudel um 7 Uhr auf, aber das ist früh genug für ein herzerwärmendes Frühstück.

SICH NACHTS ERFRISCHEN
DEUBL GLASS CUBE

Münchner Freiheit 7, 80802 München
www.24hkiosk.de
ÖPNV: Haltestelle Münchner Freiheit

Man hat gut zu Abend gegessen und macht sich gemeinsam auf den Heimweg. Doch die Luft ist warm, die Nacht ist jung, und man beginnt sich zu verquatschen. Und da kommt er meistens, der Durst. In vielen deutschen Großstädten ist das kein Problem. Man geht in einen Supermarkt, der nicht um 20 Uhr schließt – oder aber in einen Kiosk. In Berlin, Dresden und Leipzig heißen sie Späti, in Düsseldorf und Köln Büdchen, in Frankfurt Wasserhäuschen. Kleine, häufig rund um die Uhr geöffnete Läden.

In Bayern ist das schwieriger – aber nicht unmöglich! Über die Stadt verteilt gibt es kleine Goldankauf-Geschäfte oder Pizzerien, die bis 22 Uhr gekühlte Drinks zu erschwinglichen Preisen anbieten. Aber nach zehn? Ab nach Schwabing! Denn dort steht, mitten an der Münchner Freiheit, der DEUBL Glass Cube. In ihm findet ihr einen der wenigen 24-Stunden-Kioske. Es gibt einige schöne Ecken, wo man es sich danach zu zweit gemütlich machen kann, um die erstandenen Erfrischungen zu sich zu nehmen. Ganz in der Nähe ist der Kleinhesseloher See – man braucht etwa zehn Minuten, bevor man sich an diesem Kleinod im Englischen Garten niederlassen kann. Oder man geht in die andere Richtung, in den Luitpoldpark. Dorthin braucht man zwar doppelt so lange, die Aussicht vom Schuttberg ist es aber wert. Oder man macht sich auf in Richtung Norden. Hinter dem Sternerestaurant Tantris versteckt sich der Schwabinger See, der dort in den achtziger Jahren auf dem Gelände des ehemaligen Schwabinger Bahnhofs angelegt wurde.

SAURES LÜNGERL
IN DER SUPPENKÜCHE PROBIEREN

Klassiker der anderen Art gibt es bei der Münchner Suppenküche. Gut und günstig und schon lange kein Geheimtipp mehr sind die Filialen der Suppenküche zum Beispiel am Viktualienmarkt, im Westend oder in Laim. Die Suppen sind unschlagbar lecker. Und hier gibt es auch ein echtes Münchner Traditionsgericht, nämlich Saures Lüngerl mit Semmelknödeln: fein geschnittene Kalbsinnereien wie Lunge, Herz und Bries in einer köstlichen Soße aus Essig, saurem Rahm und Petersilie. Wem das zu wild ist, der kann sich auch an den vegetarischen oder veganen Varianten erfreuen. Außerdem gibt es auch Eintöpfe, Currysauce und Gazpacho, immer frisch gekocht und in wechselnder Auswahl.

TIPP

HIER IST PLATZ
FÜR EUER LIEBLINGSBILD
#LIEBLINGSMENSCHENUNTERWEGS

KÄSESPÄTZLE ESSEN UND FUSSBALL GUCKEN

BÜRGERHEIM

Bergmannstraße 33, 80339 München
www.augustiner-buergerheim.de
ÖPNV: Haltestelle Schwanthaler Höhe

Manchmal braucht nicht der Magen etwas zu essen, sondern die Seele, manchmal muss es etwas richtig Warmes, Weiches, Sättigendes sein, mit richtig vielen Kohlenhydraten: Da bieten sich Käsespätzle an, vielerorts auch Kasspatzen genannt. Dieser Klassiker der alpenländischen Küche, es gibt sie in der Schweiz, in Vorarlberg, in Tirol, in Schwa-

ben, in Liechtenstein und eben auch in Bayern, hat etwas unsagbar Tröstliches an sich. Wenn also euer Herzensmensch eine Aufheiterung nötig hat, wenn es um Liebeskummer oder andere Querelen geht, dann solltet ihr mit ihm in die Gaststätte Bürgerheim im Westend gehen und Käsespätzle essen. Das Bürgerheim ist ein ganz uriges bayerisches Wirtshaus – die es leider nicht mehr so oft gibt. Nicht umsonst bezeichnet sich das Bürgerheim als Münchens »größtes Wohnzimmer«, denn hier fühlt man sich gleich daheim. Die Speisekarte ist bayerisch, daneben gibt es auch internationale Spezialitäten.

Man kann sich hier auch zum Fußballschauen verabreden. Der Wirt Thomas »Ebi« Eberlein, der selbst ein Bayern-Fan ist, arbeitet mit den Fangruppen von Schalke und St. Pauli zusammen: Auch deren Spiele werden hier gezeigt, und man darf sich auch als Nicht-Bayern-Fan sehen lassen. Wichtig ist nur, dass sich Fans aller Couleur gut zu benehmen wissen und respektvoll miteinander umgehen. Das ausgeschenkte Bier ist natürlich Augustiner, die Brauerei liegt in unmittelbarer Nachbarschaft! Übrigens gibt es draußen Tische mit schönem Blick auf den Gollierplatz ins wunderbare Westend.

SICH AM FÜNFZIGER-JAHRE-FLAIR ERFREUEN

KONGRESS BAR

Theresienhöhe 15, 80339 München
www.kongressbar.de
ÖPNV: Haltestelle Schwanthalerhöhe

In einer Zeit, in der Jeansjacken und Neonfarben wieder im Trend sind, scheint man sich mehr denn je auf die Vergangenheit zu besinnen. Plötzlich ist man überall mit der Ästhetik der Achtziger und Neunziger konfrontiert und kann dem Schwelgen in Nostalgie kaum noch entkommen. Und auch in einer so modernisierten Großstadt wie München gibt es einige schöne Orte, die Retro-Feeling aufkommen lassen. Zurück in die fünfziger Jahre geht es in der Kongress Bar direkt oberhalb der Theresienwiese. Die befindet sich nämlich im ehemaligen Teehaus der 1952 erbauten Kongresshalle, und das merkt man auch: Sobald man die Bar betritt, wirkt es, als wäre nie ein Jahr vergangen. Rotes Leder und Holzverkleidung sorgen für genau das richtige Ambiente. Die fünfziger Jahre sind also hier wirklich original: Die rot gepolsterte Bar in Nierentisch-Optik ist ein absoluter Hingucker! Bei einem Cocktail könnt ihr hier dem wöchentlich wechselnden Musikprogramm lauschen, das von Musik der fünfziger Jahre bis hin zu Live-Jazz alles zu bieten hat. An der Wand hängt tatsächlich ein Foto, das unter anderem Ludwig Erhard zeigt, den Vater des deutschen Wirtschaftswunders und ehemaligen Bundeskanzler der Bundesrepublik Deutschland. Wer sollte auch besser über einen solchen Hort der Fünfziger-Jahre-Ästhetik wachen als er?

Mit das Allerbeste an dieser Bar ist, dass es hier kein Gedränge gibt. Anders als an den meisten Orten in München ist hier nicht ständig alles überfüllt, man kann einfach kommen, einen Platz finden und einen

Drink genießen. Ein Traum! Und die Belohnung dafür, dass man sich nicht wirklich mitten in München befindet, sondern auf der Schwanthalerhöhe – einem ehemaligen gründerzeitlichen Arbeiterviertel, benannt nach dem Bildhauer Ludwig Schwanthaler, der die Bavaria geschaffen hat. Außer natürlich, es ist Oktoberfest: Dann ist man hier mitten in München. Und gleich gegenüber, in der Alten Kongresshalle, finden regelmäßig Events und Konzerte statt. Für die zu ihrer Zeit sehr moderne Architektur der Kongresshalle selbst zeichneten übrigens die Architekten Etzold, Strobl und Freymuth verantwortlich. Die Zeitschrift »Baumeister« lobte im September 1953 den neuen Kongressbau als »die aus Ort, Zweck und Aufgabe geborene Ideallösung«. Sie war damals die größte Halle ihrer Art. Hier fand früher die Messe München statt. Die Edith-Haberland-Wagner-Stiftung hat das Objekt 2004 übernommen, restauriert und saniert und sogar im Stil der originalen Planung aus den fünfziger Jahren bepflanzt.

Die Cocktails in der Kongress Bar sind klassisch, und ein besonderer Schwerpunkt liegt auf verschiedenen Manhattan-Variationen. Zwischen 17 und 20 Uhr gibt es Happy Hour. Die Herren hinter dem Tresen mixen aber auch Cocktails nach Wunschrezept, und es sollte nicht unerwähnt bleiben, dass das Personal sehr stilvoll gekleidet ist – mit schwarzen Hosenträgern. Im Sommer gibt es eine ganz wunderbare Terrasse mit Liegestühlen. Bestens geeignet für laue Sommernächte im Fünfziger-Jahre-Stil … Und, das hätte Ludwig Erhard besonders gut gefallen: Es gibt auch eine gute Auswahl an Zigarren, selbst ganz kleine für die Damen.

JAPANISCHE TEEZEREMONIE ERLEBEN

Wer einmal eine echte japanische Teezeremonie in München erleben will, und auch das ist natürlich zu zweit ein besonders schönes Erlebnis, der kann sich in den Englischen Garten begeben. Dort, auf einer kleinen Insel im Eisbach, gleich hinter dem Haus der Kunst gelegen, befindet sich das japanische Teehaus Kanshoan. Hier finden echte japanische Teezeremonien statt und werden auch unterrichtet, und zwar von April bis Oktober. Das Teehaus wird von einem Verein unterhalten, der aus deutschen wie auch aus japanischen Mitgliedern besteht und es sich zum Ziel gemacht hat, die Teezeremonie einer breiteren Öffentlichkeit zugänglich zu machen. Errichtet wurde das Teehaus übrigens 1972 anlässlich der Olympischen Spiele in München.

TIPP

SEKTFRÜHSTÜCK AUF DEM VIKTUALIENMARKT KOSTEN

CAFÉ NYMPHENBURG SEKT

Stand 5 am Karl-Valentin-Brunnen, 80331 München
www.cafe-nymphenburg-sekt.de
ÖPNV: Haltestelle Reichenbachplatz

Egal, ob mit dem Partner, der Großmutter oder der besten Freundin –
ein gelungener Start in einen gemeinsamen Wohlfühltag bildet nun
wirklich ein Sektfrühstück. Mit einem Glas Schaumwein auf sich, das
Leben und das köstliche Frühstück anzustoßen, das sollte man öfter
mal tun. Und weil es zu Hause nichts wirklich Besonderes ist, geht man
dazu am besten aus. Der perfekte Ort in München ist dafür das Café
Nymphenburg Sekt auf dem Viktualienmarkt, ein Standl, an dem der
bayerische Sekt die Hauptrolle spielt. Hier wird man nicht von Tausenden von Frühstücksvariationen erschlagen, sondern wählt beispielsweise aus einer süßen, herzhaften oder vegetarischen Variante. Den
Sekt dürfen wir nicht vergessen, den gibt es für fünf Euro obendrauf.
  Wer mutig ist, Lust auf eine ganz exotische Variante hat und die
Blicke der Münchner nicht scheut, kann auch Weißwürste zum Sekt
frühstücken. Leckereien abseits von der Frühstückskarte bekommt
man hier den ganzen Tag, kann also ausschlafen und die Location für
prickelnde Getränke erst zum Mittag- oder Abendessen aufsuchen.
Für Singles sei erwähnt, dass man sich hier an einem Ort befindet, an
dem die Flirtchancen besonders hoch stehen. Wer Angst hat, es könne
hier klischeehaft »münchnerisch« zugehen, man sei von zahlreichen
Snobs in Polohemden umzingelt und ein Besuch würde das komplette
Monatsgehalt aufbrauchen, der irrt. Sicher gibt es günstigere Orte zum
Frühstücken, die Preise sind aber moderat und das Ambiente zwar
gehoben, aber auf keinen Fall protzig.

PICKNICKEN
IM ENGLISCHEN GARTEN
SANKT EMMERAMSMÜHLE

St. Emmeram 41, 81925 München
www.emmeramsmuehle.de
ÖPNV: Haltestelle St. Emmeram

So schön ein gemeinsames Picknick im Englischen Garten auch klingen mag, die Vorbereitung ist immer mit sehr viel Arbeit verbunden. Wenn ihr euch die sparen und euch so richtig verwöhnen lassen wollt, dann könnt ihr den Picknickservice der Sankt Emmeramsmühle in Anspruch nehmen. Dort wird für euch ein Bollerwagen voller Leckereien zusammengestellt. Wenn ihr bis 16 Uhr des Vortages bestellt, könnt ihr euer Picknickwagerl ganz gemütlich ab 11.30 Uhr vor Ort abholen. Den Picknickkorb gibt es sowohl in Standard- als auch in Gourmetausführung. Entscheiden könnt ihr euch unter anderem zwischen kaltem Krustenbraten und Südtiroler Speck, Kartoffel-Gurkensalat und mariniertem Pilzsalat mit frischen Kräutern oder Emmentaler und Pustertaler Bergkäse und welche Getränke ihr haben möchtet. Bauernbrot, Baguette und Brezen sind immer inklusive.

Um das Ganze abzurunden, sind außerdem eine Picknickdecke, ein Plan des Englischen Gartens und auf Wunsch sogar ein Sonnenschirm enthalten. Von der Wirtschaft ist es dann auch gar nicht mehr weit, der Englische Garten befindet sich quasi direkt vor der Hintertür. Dort könnt ihr euch ein sonniges oder schattiges Plätzchen suchen und in sommerlicher Atmosphäre euer Picknick genießen. Die Location hat den Vorteil, dass auch ein tierischer Begleiter mit dabei sein darf. Aber aufgepasst! Der Parmaschinken und die Mailänder Salami riechen besonders für Hundenasen unglaublich verlockend. Im Anschluss bietet sich noch ein Spaziergang durch den Englischen Garten an.

ALTE MÜNCHNER
SCHMANKERL KOSTEN
SCHNEIDER BRÄUHAUS

Tal 7, 80331 München
www.schneider-brauhaus.de
ÖPNV: Haltestelle Marienplatz

Bayerische Spezialitäten sind ja in ganz Deutschland und sogar über die Landesgrenzen hinweg recht bekannt. Weißwurst und Wurstsalat, Brezen und Bier, Schweinsbraten und Sauerkraut lassen das kulinarische Herz eines jeden Aloisius höherschlagen, ob hiesig oder nur zu Besuch. Doch haben sich die Bayern in ihrer rund zweieinhalbtausend Jahre währenden Geschichte ausschließlich von diesen Gerichten ernährt? Ein Blick auf die Speisekarten der städtischen Wirtshäuser bestätigt diese Vermutung. Jedoch gibt es ein paar Lokale in München, die sich mit Händen und Füßen gegen das Vergessen von Tradition und gegen die Vereinheitlichung der Restaurantmenüs wehren. Eines davon ist das geschichtsträchtige »Weiße Bräuhaus«, das Stammhaus der Schneider Weisse Brauerei im Münchner Tal. Heute heißt das »Weiße Bräuhaus«, wie es die Münchner immer noch liebevoll nennen, Schneider Bräuhaus. Sonst hat sich dort nicht viel verändert. Die Schwemme, das Herz des Hauses, ist der große Gastraum im Erdgeschoss. Sie hat ihren Namen von den Unmengen an Bier, die dort traditionell ausgeschenkt wurden. Früher waren es zumeist Fuhrleute und Kutscher, die nach ihrer Transportfahrt zum Viktualienmarkt auf Alt-Münchner Boden einkehrten.

Heute sind es überwiegend Touristen und alteingesessene Schmankerljäger, die sich dort für Speis und Trank niederlassen – ein Ort der Begegnung ist der Gastraum bis heute geblieben. Hier und in den vielen Stuben und Sälen des Hauses werden Spezialitäten serviert, die

andernorts in Vergessenheit geraten sind. Das »Münchner Voressen« zum Beispiel ist ein Ragout aus Kalbs- und Schweinslunge, Kutteln und Kalbsbries: Diese werden in Scheiben geschnitten, über Nacht

eingelegt und am nächsten Tag weiterverarbeitet, bevor sie zusammen mit Semmelknödeln den hungrigen Gästen vorgesetzt werden. Voressen heißt es übrigens, weil es an Sonntagen vor dem Kirchgang untersagt war, zu frühstücken, das Mittagessen aber dann traditionellerweise daheim eingenommen wurde. Aus Angst vor einem zu schnellen Rausch aufgrund des leeren Magens bestellten sich die Münchner beim Frühschoppen zum Bier dieses günstige Gericht. Nicht minder beliebt war und ist noch immer das gesottene Kalbskron. Als Kron bezeichnet man in Bayern und auch im Nachbarland Österreich das Zwerchfell der Tiere. Dies wird eine Zeit lang in Rinderbrühe gesotten und kann danach mit Kartoffeln oder Schwarzbrot als Beilage genossen werden.

Das Schöne am Schneider Bräuhaus ist, dass alles – nicht nur die Innereien – immer frisch gekocht und aus regionalen Zutaten zubereitet wird. Erfahrung hat man dort auch, schließlich existiert die Brauerei seit 1872. Es gibt also keinen Grund – vorausgesetzt natürlich, man isst Fleisch –, sich diesem Abenteuer nicht zu stellen. Zu zweit kann man sich am besten hineinwagen – wer jedes Gericht teilt, kann umso mehr probieren. Und hinterher kann man sich nach Lust und Laune über Milzwurst, Ochsenkopfbackerl, Lüngerl und Kron austauschen. Man wagt garantiert etwas Außergewöhnliches und zeitgleich etwas ausgesprochen Traditionelles.

FLEISCHLOS IN BAVARIA? KLAR GEHT DAS!

Die bayerische Küche ist sehr fleischlastig. Aus moralischer Perspektive kann man den Münchnern zumindest zugutehalten, dass sie traditionell fast alles vom Tier verwerten und sich nicht nur die »Bürgermeisterstücke« herauspicken.

Es gibt aber auch viele Menschen, die aus Prinzip, gesundheitlichen oder geschmacklichen Gründen teilweise oder komplett auf tierische Produkte verzichten. Und es werden immer mehr! Und ihr Unmut ist in den meisten bayerischen Wirtshäusern mehr als nachvollziehbar. Den Vegetariern bleiben die Käsespätzle oder der Kaiserschmarrn, für die Veganer ist die Auswahl häufig auf einen »Fitnesssalat ohne die Putenstreifen« beschränkt. Traurig, aber wahr. Doch auch die tierlosen Esser finden in München ein Plätzchen – zum Beispiel im Bodhi, Ligsalzstraße 23, Bayerns erstem veganen Wirtshaus, im Westend. Ob vegane Käsespätzle, Tiroler Schlunzkrapfen oder Germknödel mit Pflaumenmus: Hier kommen vegetarisch und vegan lebende Menschen auf ihre Kosten. Und alle anderen natürlich auch!

TIPP

EIS AUS ROSENBLÜTEN PROBIEREN

DOMORI

Kapuzinerstraße 43, 80469 München
www.domori-eis.de
ÖPNV: Haltestelle Baldeplatz

Mori Barghchi war ein Konditor beim Münchner Starkoch Alfons Schuhbeck. Wahrscheinlich schlecht für Herrn Schuhbeck, aber sehr gut für uns, dass Herr Barghchi seinen Job dort aufgegeben und sich als Eiskonditor selbstständig gemacht hat. Er macht Eis, wie es traditionell hergestellt wird, ohne Konservierungsstoffe und ohne Geschmacksverstärker; vielleicht liegt es ja daran, dass er aus Persien kommt, wo das Eis erfunden wurde. In dem kleinen Laden im Glockenbachviertel an der Isar gibt es ungewöhnliche Eissorten, darunter Litschi-Pistazie mit rosa Pfefferkörnern, Holunderblüteneis, Pflaume-Zimt oder Kaiserschmarrn. Je nach Jahreszeit werden verschiedene Sorten angeboten. Der absolute Höhepunkt ist das Rosenblüteneis. Wenn ihr euch dieses auf der Zunge zergehen lasst, fühlt ihr euch garantiert wie in einem Märchen aus Tausendundeiner Nacht.

Veganer kommen auch auf ihre Kosten, denn circa die Hälfte der Sorten sind Sorbets. Und auch die Kuchen und Torten schmecken hervorragend, sie werden nach Gewicht verkauft, sodass man verschiedene Sorten ausprobieren kann. Und die von Hand gezogenen Bonbons eignen sich nicht nur zum Selbstverzehren, sie sind auch ein schönes Geschenk. Die Inhaber sind unglaublich freundlich, denn wenn der Service nicht stimmt, schmeckt einem doch das beste Eis nicht! Viele Münchner behaupten, dass DoMori das beste Eis in ganz München macht! Vorher oder nachher bietet sich ein Spaziergang an der Isar an. Der Flaucher, aber auch die Frühlingsanlagen liegen in nächster Nähe.

FRÜHSTÜCKEN AUF DER WIESN
THERESIENWIESE

80336 München
www.oktoberfest.de/bierzelte/kleine-zelte/cafe-mohrenkopf
ÖPNV: Haltestelle Theresienwiese

Dieser Gedanke wird so manchen erstaunen: morgens aufs Oktoberfest? Sind da nicht alle noch mit der Beseitigung der Überreste der Orgie des jeweils vergangenen Abends beschäftigt? Aber nein, wenn die Wiesn am Morgen ihre Pforten öffnet, ist schon längst alles wieder in bester Ordnung. Und die Stimmung am Morgen auf der Wiesn ist etwas ganz Besonderes: Dieses Langsam-in-Schwung-Kommen, das Sicheinstimmen auf das große Vergnügen, das ist unvergleichlich. Die Menschen, die auf dem Oktoberfest arbeiten, sind noch entspannt und haben Lust auf einen kleinen Ratsch, es ist wenig los, und ein Spaziergang über die morgendliche, am besten von der warmen Septembersonne beschienene Wiesn ist ein einmaliges Erlebnis. Besonders mit kleinen Kindern oder mit der besten Freundin empfiehlt sich diese Tageszeit. Niemand geht verloren oder muss sich im Getümmel ängstigen, und noch gibt es keine berauschten Männer, die Flirtversuche wagen.

Für ein erstes Date ist ein Frühstück auf der Wiesn ebenfalls ideal: Man zeigt sich als München- und Wiesnkenner, und wenn sich das Date gut entwickelt, bleibt man einfach länger als nur zum Frühstück. (Was aber nicht heißt, dass die Wiesn nicht auch tagsüber und selbst abends ein Schauspiel ist, das jeder Mensch einmal erlebt haben sollte, zumindest wenn er Lust auf Abenteuer hat und offen für wildes Vergnügen ist!) Aber der Morgen zeigt die Wiesn in einem anderen Aggregatzustand: zahm, freundlich, anheimelnd.

Zum Frühstück solltet ihr nicht in eines der großen Bierzelte gehen, auch wenn ein Weißwurstfrühstück mit einer frisch gezapften Maß natürlich nicht zu verachten ist, sondern in eines der sogenannten Kaffeezelte, zum Beispiel ins Café Mohrenkopf, das jeden Tag um 9 Uhr seine Türen öffnet. Hier gibt es ein richtiges Frühstück mit frisch gebackenen Brezen. Oder man erfreut sich am Kuchen, den die freundlichen Kellnerinnen auf einem kleinen Rollwägelchen durch die Reihen von runden Tischchen schieben. Es gibt hier nämlich keine Bierbänke, und es gibt auch kein Bier! Dafür aber die einzige Konditorei auf der Wiesn. Die Preise sind zwar gesalzen, aber das macht man ja auch nur einmal im Jahr. Dafür schmeckt alles hervorragend (ehrlich!), und vor allem ältere Münchner Damen wissen um diesen Geheimtipp, was dem Frühstück hier ein ganz besonderes Flair verleiht. Man kommt in dieser freundlichen Stimmung auch leicht ins Gespräch. Besonders hübsch sind die Fotografien der Geschichte des Café Mohrenkopf an der Zeltwand.

Das Café Mohrenkopf ist das dienstälteste Kaffeezelt auf der Wiesn: Als Ausgleich für die Kriegsschäden am Stammhaus bekam die Familie Wiemes 1950 einen Standplatz auf der zweiten Nachkriegswiesn zugesprochen – und den hat sie noch heute. Alternativ kann man ins Kaffeezelt Kaiserschmarrn gehen, der Name ist hier Programm: Der Kaiserschmarrn ist unvergleichlich lecker. Aber auch hier wird ein hübsches Frühstück angeboten. Oder man besucht Bodo's Cafézelt, da seien vor allen Dingen die Auszognen und die Krapfen empfohlen. Und egal, ob ihr die Wiesn nur ganz beruhigt kennenlernen wollt oder ob ihr euch danach noch in den ganz großen Trubel stürzt: Das Frühstück auf dem größten Volksfest der Welt ist ein einmaliges Erlebnis!

TANZEN AN DER HEXENSCHAUKEL

Und noch ein Geheimtipp für die Wiesn: Auf der richtigen Wiesn, also nicht auf der Oiden Wiesn, gibt es das traditionsreiche Fahrgeschäft namens Hexenschaukel. Seit über 100 Jahren wird in diesem Fahrgeschäft den Gästen mittels einer optischen Illusion weisgemacht, sie würden sich einem wahren Höllenritt unterziehen. Das ist vollkommen ungefährlich und sehr lustig. Schon der Prinzregent Luitpold ist angeblich damit gefahren. Und allabendlich, wenn sich das Geschäft auf der Wiesn langsam dem Ende zuneigt, dann spielt die Hexenschaukel Musik, und die Leute tanzen davor. Das ist ein einmaliges Erlebnis, und wer es so lange auf der Wiesn ausgehalten hat, sollte unbedingt mitmachen.

TIPP

VON TISCH ZU TISCH HOPPEN
DINNER-HOPPING

Treffpunkt: Haltestelle Marienplatz im Tal 1, 80331 München
www.dinnerhopping.de
ÖPNV: Haltestelle Marienplatz

Für kulinarisch Interessierte verspricht das Dinner-Hopping ein Abendessen der ganz besonderen Art: In einem waschechten amerikanischen Oldtimer-Schulbus könnt ihr hier ein Mehr-Gänge-Menü während einer Stadtrundfahrt vorbei an Münchens schönsten Sehenswürdigkeiten genießen. Bei dieser dreistündigen kulinarischen Reise ist garantiert für jeden Geschmack etwas dabei. Von amerikanischer Cuisine über einen mediterran-italienischen Schmaus bis hin zur vertrauten bayerischen Küche – kein Gaumen kommt hier zu kurz. Pro Gang wird ein anderes Restaurant angesteuert, vor welchem ihr ganz gemütlich direkt im Bus von freundlich charmantem Personal bedient werdet. Getränke sind im Preis inbegriffen. In roten Ledersitzen, umringt von authentischen Vintage-Werbeplakaten, speist ihr in einem Ambiente, das dem eines amerikanischen Diners der fünfziger Jahre in nichts nachsteht.

Die Geschichte des Familienunternehmens führt von der Arbeit als Privatchauffeur über die Leitung einer heimischen Fahrschule bis hin zur Eröffnung der ersten Bus-Bar im Jahr 2004. Heute ist die Nachfrage so groß, dass sich mittlerweile vier zum Diner umgebaute amerikanische Schulbusse im Besitz der Familie Fragner befinden, um möglichst vielen Menschen die Möglichkeit zu bieten, ein herkömmliches Candle-Light-Dinner mit einer komfortablen Fahrt durch das zauberhafte München aufzuwerten. Am Wochenende kann man das leckere Drei-Gänge-Menü mit begleitender Livemusik oder einer Zaubershow buchen.

VINTAGE SHOPPEN UND SCHLEMMEN

CAFÉ MARAIS

Parkstraße 2, 80339 München
www.cafe-marais.de
ÖPNV: Haltestelle Schwanthalerhöhe

Meine Oma war Schneiderin, und sie lebte im Westend. Immer, wenn ihr etwas Wichtiges fehlte, sei es ein Reißverschluss in einer bestimmten Länge oder Farbe, ein Knopf oder auch einfach nur ein Nähfaden, dann hieß es: »Wir gehen zum Mier!« Der Mier war ein Kurzwaren- und Textiliengeschäft. Der Schriftzug Hans Mier prangt immer noch über dem Eingang des Eckhauses. Doch nicht nur der Schriftzug wurde von den Betreibern des jetzigen Café Marais erhalten, auch die gesamte Inneneinrichtung, wie der wirklich wunderschöne, aus dunklem Holz bestehende Schrank, ist geblieben und bietet nun die Kulisse für ein wahrhaft romantisches Kleinod.

Man sitzt beim Kaffeetrinken zwischen den alten Regalen mit Hunderten von Auszugfächern, auf denen früher die Waren präsentiert wurden. In manchen Schubladen findet sich noch ein Teil des originalen Warenbestands, aber ansonsten bietet das Café Marais heute andere Objekte zum Kauf an, ein wohl ausgewähltes Sammelsurium an Vintage-Schätzen: Taschen, Schmuck, Handschuhe, Geschirr und Möbel. Und neue Dinge wie exklusive Kosmetik, ausgewählte Bücher, Postkarten und Geschenkartikel aller Art. Man sitzt hier nicht nur in einer äußerst ungewöhnlichen Umgebung, man verlässt den Laden auch selten, ohne eine kleine Preziose erworben zu haben.

Besonders beliebt sind die Tische in den ehemaligen Schaufenstern, nicht um des »Sehens und Gesehenwerdens« willen, sondern weil es einfach kuschelig ist, in diesen Nischen Platz zu nehmen. Im Sommer gibt es auch draußen Tische.

MÜNCHEN
KULINARISCH ERLEBEN
VIKTUALIENMARKT-PROBIERTOUR

Treffpunkt: Isartor, 80331 München
www.stadtvogel.de
ÖPNV: Haltestelle Isartor

Der Viktualienmarkt ist ein Paradies für all jene, die gut und gern essen. Mitten in München ist er ein Schlaraffenland voller Spezialitäten – manchmal heimisch, manchmal international, aber immer verdammt lecker! Die Viktualienmarkt-Probiertour des Stadtvogels führt euch auf eine kulinarische Reise durch 22.000 Quadratmeter purer Schlemmerei und Genuss. Während dieser zwei Stunden werden bis zu acht verschiedene Stände angesteuert; es empfiehlt sich also, die Tour auf leeren Magen anzutreten! Am Isartor beginnt ihr mit einem erfrischenden oder wärmenden Bio-Willkommenstrunk. An der Stadtmauer entlang geht es dann in Richtung Viktualienmarkt, wo euch das wohl größte Büfett Münchens erwartet.

Gaumenfreuden sind garantiert, die historischen Hintergrundinformationen ein Bonus: Lernt alles über die Geschichte des Platzes, während ihr köstliche Schmankerl und Leckereien probiert. Denn hier wird nicht nur geschlemmt, sondern auch die ganz wichtigen Fragen beantwortet: Wie ist der Viktualienmarkt überhaupt entstanden? Und was ist eigentlich der Tanz der Marktweiber? Eine kleine Erfrischung zwischendurch bekommt man am Obst- und Gemüsestandl. Bei der Antipasti-Verkostung kommt Mittelmeer-Feeling auf, beim Probieren der reschen Brezen mit Obatzdem und Käsespezialitäten besinnt man sich der gutbayerischen Küche. Zum Ausklang gibt es für jeden Gast noch ein Glas frisch gepressten Saft, dann kann man zum Verdauen gemütlich eine Runde über den Viktualienmarkt drehen.

IM DUNKELN DINIEREN
SCHLOSSWIRTSCHAFT SCHWAIGE

Schloss Nymphenburg 30, 80638 München
www.schlosswirtschaft-schwaige.de/dinner-in-the-dark
ÖPNV: Haltestelle Romanplatz

Ein Großteil unserer Sinneswahrnehmung findet über das Auge statt. Im Alltag fällt es uns oft gar nicht auf, wie sehr wir uns auf unser visuelles Organ verlassen. Seiner Wichtigkeit wird man sich allerdings prompt wieder bewusst, sobald man durch die Lichtschleuse in den völlig abgedunkelten Kurfürstensaal der Schlosswirtschaft Schwaige tritt. Hier findet nämlich das Dinner in the Dark statt – ein Abendessen in vollkommener Dunkelheit. Das Vier-Gänge-Menü wurde so zusammengestellt, dass es alle Sinnesorgane anspricht, außer das Auge – das isst hier nämlich ausnahmsweise einmal nicht mit. So ergibt sich nicht nur ein köstlicher, sondern vor allem ein lustiger Abend, bei dem ihr zusammen darüber rätseln könnt, was ihr denn da nun eigentlich gegessen habt. Die Auflösung gibt es nach jedem Gang vom Personal, das mit Hilfe von Nachtsichtgeräten das Essen serviert.

Ihr werdet überrascht sein, wie sehr man sich bei geschmacklichen Erlebnissen auf visuelle Eindrücke verlässt. Da einem hier ein großer Teil der Wahrnehmung genommen wird, muss man sich plötzlich auf seine anderen Sinne verlassen: Geschmacks-, Geruchs- und Tastsinn werden so als viel intensiver empfunden. Veranstaltet wird das Dinner in the Dark jedes Wochenende ab 18.45 Uhr in Zusammenarbeit mit dem Blindeninstitut. Ziel des Ganzen soll ein Einblick in die Sinneswelt von Menschen ohne visuelle Wahrnehmung sein und so für mehr Verständnis sorgen. Ein Teil des Erlöses fließt außerdem in Projekte der Blindenstiftung und -institute.

GIN VERKOSTEN
IM GLOCKENBACHVIERTEL

COUCH CLUB

Klenzestraße 89, 80469 München
www.couch-club.org
ÖPNV: Haltestelle Fraunhoferstraße

Gin ist seit Jahren aus keiner Bar mehr wegzudenken: Es gehört zum guten Stil, mehrere Gin- und Tonicsorten anzubieten. Gin ist Bestandteil vieler Cocktails, zum Beispiel des klassischen Martini oder des Negroni. Er wird aus Getreide oder Melasse hergestellt und erhält seinen Geschmack durch die Aromatisierung mit Gewürzen, vor allen mit Wacholderbeeren oder Koriander, oder auch mit Ingwer, Muskat oder Orangenschalen. Der Couch Club im Glockenbachviertel ist DIE Gin-Bar in München. Hier werden den Gästen 150 wechselnde Sorten Gin angeboten. Das Ambiente ist gemüt-

lich: Es gibt einen Kicker in einem Raum, dem eine Fototapete mit Schwarz-Weiß-Fotos von Fußballern und Rockstars die richtige Atmosphäre verleiht. Jeden Mittwochabend ist hier Stammtisch für die Tischfußballer. Am Sonntagabend wird der Tatort übertragen, und zu essen gibt es Flammkuchen.

Das Mobiliar ist vintage, sehr bequem und man fühlt sich wie im heimischen Wohnzimmer. Klar, dass hier auch Gin-Tastings angeboten werden, die weit über München hinaus bekannt sind. Man kann dabei so viele Ginsorten ausprobieren, wie man mag. Damit man nicht gleich vom Barhocker fällt, werden dazu Snacks gereicht. Die Fachleute hinter der Bar geben Einblicke in Geschichte und Herstellung des Getränks, erklären die verschiedenen Arten und zeigen dir, welches Tonic mit welchem Gin harmoniert. Wer mag, kann eine Verkostung exklusiv für sich oder für eine private Gruppe buchen. Sehr nett ist, dass man ein kleines Booklet zum Thema Gin bekommt.

SICH ZUM KAFFEE-DATE HOCH OBEN VERABREDEN

KULTURDACHGARTEN

Adolf-Kolping-Straße 10, 80336 München
www.kulturdachgarten.de
ÖPNV: Haltestelle Karlsplatz (Stachus)

Wenn man sich das Alpina Parkhaus am Stachus so von außen anschaut, dann kann es einem niemand verübeln, dass man nicht an eine grüne Oase in der Großstadt denkt. Das 1957 erbaute Gebäude steht schon eher für Beton und Glas denn für Pflanzen. Aber wie so oft im Leben: Der Schein trügt. Denn auf dem Dach der Parkgarage und also wirklich mitten in München gibt es einen wunderbaren Dachgarten mit Bewirtung. Ja, München hat jetzt auch seinen Klunkerkranich, auch wenn hier eher die Entspannung im Vordergrund stehen soll und das Ganze weniger als Partylocation gedacht ist: ein Ort der Ruhe für gestresste Stadtmenschen. Hat man sich zwischen den parkenden Autos durchgekämpft (man muss mit dem Aufzug in den vierten Stock fahren, und von dort führt ein Aufgang direkt in die Oase), erblickt man viel Holz und viele Pflanzen, eine ganze Landschaft sozusagen. Alles ist mit sehr viel Liebe gestaltet, alte Koffer dienen beispielsweise als Pflanzenbeete, und Lichterketten sorgen für Stimmung und Terrassenfeeling.

Zusammen mit dem Verein Green City kann man hier Hochbeete buchen, wenn man etwas anpflanzen möchte und sich dann auch wirklich darum kümmert. Und die Küche arbeitet mit erntefrischen Kräutern, weil sie selbst fürsorglich für einige Beete sorgt. Und das Konzept geht auf. Wirklich herzerwärmend ist der Ausblick auf die Frauenkirche. Ganz großartig! Zu essen gibt es köstliches Chinesisches sowie Kaffee und Kuchen. Aber Achtung: Man kann nur bei schönem Wetter hingehen, es gibt keine Überdachung.

REZEPT FÜR RAHMSCHWAMMERL
(VON MEINER MAMA)

➽ Zutaten für vier Personen:
ein Kilogramm Schwammerl (zum Beispiel 500 Gramm Champignons und 500 Gramm Pfifferlinge), eine Gemüsezwiebel, etwas Pflanzenöl, zwei Becher Sahne, ein Liter Milch, Salz und Pfeffer

Die Pilze putzen und die Champignons in Scheiben schneiden, die Pfifferlinge ganz lassen. Die Gemüsezwiebel schälen und klein würfeln. Etwas Öl in den Topf geben, die Zwiebeln anschwitzen und die Pilze dazugeben. Mit Sahne und Milch aufgießen und würzen. Dann kochen, bis die Sauce eindickt. Fertig.

Dazu bitte selbst gemachte Semmelknödel reichen.

➽ Guten Appetit!

TIPP

NOTIZEN
LIEBLINGSMENSCHEN UNTERWEGS

MAGIE IM TOILETTEN-HÄUSCHEN SPÜREN

FRÄULEIN GRÜNEIS

Lerchenfeldstraße 1a, 80538 München
www.fraeulein-grueneis.de
ÖPNV: Haltestelle Nationalmuseum/Haus d. Kunst

Fräulein Grüneis … Warum dieser zauberhafte Ort wohl so heißt? Grün wie der Englische Garten und Eis wie der Eisbach? Oder weil man hier ein Eis im Grünen genießen kann? Oder gibt es eine Namensgeberin mit diesem bezaubernden Namen? Wie auch immer: Fräulein Grüneis ist jedenfalls einer dieser ganz besonderen Orte, die man beinahe als magisch bezeichnen möchte, weil einem hier das Herz aufgeht. Wobei sich gar nicht sagen lässt, ob das am Charme und der immer gleichbleibenden Herzlich- und Höflichkeit der Menschen hinter dem Tresen liegt, an den wohlsortierten und köstlichen Speisen oder am Ort an sich. Direkt am Südende des Englischen Gartens liegt dieses Kleinod. Ja, der Englische Garten, diese Oase im Herzen Münchens, die tatsächlich größer ist als der Central Park, hält eben immer noch die ein oder andere Überraschung bereit: ein Kiosk-Restaurant, wenn man so möchte. Ein Kiosk, der aber auch Sitzgelegenheiten bietet. Er liegt ein bisschen versteckt, aber gerade auch das macht ja seinen Reiz aus. Bei Regen kann man unter den großen Schirmen im Trockenen stehen und sich bei Sonne im Schatten erholen.

Im Winter gibt es einen romantischen, knisternden Holzofen und dazu hausgemachten Glühwein. Schon manch einer hat sich hier in Sicherheit gebracht, wenn die Tour über den Christkindlmarkt am chinesischen Turm doch zu kalt wurde. Oder wenn man vor lauter Bewunderung für die hartgesottenen Wellenreiter im Eisbach gar nicht merkt, dass man eigentlich schon lange Hunger und Durst hat. Die Produkte

sind übrigens überwiegend regional und bio – und sehr lecker! Doch man wird hier nicht nur seiner Verantwortung gegenüber der Natur gerecht, auch soziale Verantwortung liegt den Betreibern am Herzen. Beispielsweise arbeiten hier mehrere syrische Flüchtlinge. Dass das Ganze mal ein grün-weiß gestreiftes Damen-Toilettenhäuschen war, ist kaum zu glauben. Schon eher glaubt man, dass das Häuschen aus dem Jahr 1904 stammt; es ist wirklich sehr hübsch. 55 Tonnen Schutt

haben die jetzigen Besitzer, Sandra und Henning Dürr, weggeschafft, um das ehemalige Toilettenhäuschen in den heutigen anheimelnden Kiosk umzugestalten.

Übrigens öffnet Fräulein Grüneis unter der Woche schon um acht und am Wochenende um zehn, sodass es sich hier auch perfekt frühstücken lässt. Habe ich die selbst gemachten Kuchen erwähnt? Und für Kinder ist es hier auch absolut großartig: Umgedrehte Getränkekisten dienen als Sitzgelegenheit und der ein oder andere Baumstamm, der herumliegt, wird zum Tisch umfunktioniert – sehr ungewöhnlich und daher ein Highlight.

Inzwischen unterhalten die Besitzer auch ein hübsches Bistro mit hervorragendem Frühstück in der Maxvorstadt, das Heinrich Matters, das man auch nur wärmstens empfehlen kann, vor allem wenn man in München zur Abwechslung auch mal einen Hauch Berliner Flair verspüren möchte. Und ich freue mich, dass der Erfolg von Fräulein Grüneis hier weitergeführt wird. Ich sage nur: darauf Prost mit einer Basilikumlimonade mit Prosecco!

HOLLERKÜCHERL KREIEREN

▶▶ Mit Blüten kann man nicht nur Gerichte hübsch dekorieren, man kann sie auch essen und sie führen zu völlig neuen Geschmackserlebnissen. Gänseblümchen, Borretsch oder Veilchen kann man im eigenen Garten anpflanzen und über Salate streuen. Sehr gut geeignet sind dazu auch Ringelblumen, Chrysanthemen oder Zichorien, hier sollte man allerdings eher nur die äußeren Blütenblätter verwenden.

▶▶ Profis pflücken die Blüten morgens, denn bevor die Sonne auf die Blumen scheint, sind die Aromastoffe am höchsten.

▶▶ Unfassbar hübsch anzusehen und sehr lecker sind Bandnudeln, in die Ringelblumen und Borretsch eingearbeitet sind. Oder wie wäre es mit kandierten Rosenblättern?

▶▶ Ein Klassiker der bayerischen Küche sind Hollerkücherl: Die wunderschönen, duftenden Holunderblüten werden in Pfannkuchenteig getaucht und dann schwimmend in Fett ausgebacken. Über die noch heißen Kücherl wird Puderzucker gestreut. Sie sollten ganz frisch gegessen werden.

TIPP

WEISSWÜRSTE FRÜHSTÜCKEN

GASTSTÄTTE GROSSMARKTHALLE

Kochelseestraße 13, 81371 München
www.gaststätte-grossmarkthalle.de
ÖPNV: Haltestelle Implerstraße

Großmärkte sind etwas Besonderes. Das Flair ist bereits am Morgen ausgelassen, das frische Obst und Gemüse leuchtet in allen Spektralfarben und duftet wie auf dem palermischen Ballarò. Doch das alles zeichnet den Münchner Großmarkt nicht mehr aus als andere Hallen der Republik, er ist weder besonders laut noch farbig. Womit sich der Markt jedoch von allen anderen abhebt, sind die besten Weißwürste der Stadt. Für das bayerischste aller Frühstücke gibt es Regeln. Erstens bestellt man Weißwürste als Stück, nie als Paar. Viele schaffen drei Stück, manche sogar mehr, aber noch nie hat jemand zwei Paar Weißwürste geschafft. Zweitens braucht man sich zu den Beilagen keine Gedanken zu machen – die sind immer gleich: süßer Senf, Brezen und am wichtigsten, das Weißbier.

Bei der Art des Essens lässt die Tradition ein wenig Spielraum. Man kann sie mit Messer und Gabel häuten und verzehren, oder man »zuzelt« – man nimmt die Wurst in die Hand und saugt das Brät aus der Pelle. Die letzte Regel hat sich etwas gelockert: Früher durfte man aufgrund der fehlenden Kühlmöglichkeiten Weißwürste niemals nach 12 Uhr zu sich nehmen – sie durften »das Zwölfeleitn« nicht hören – den Glockenschlag zur Mittagszeit. Heutzutage wird das nicht mehr so eng gesehen, die Wirtschaft in der Großmarkthalle serviert die in der hauseigenen Metzgerei hergestellten Schmankerl auch noch danach, aber empfohlen sei es natürlich trotzdem! Wer kein Fleisch isst, kann locker auf eine der leckeren, handbelegten Käsebrezen ausweichen.

BEI DEN HIRSCHEN SITZEN
KÖNIGLICHER HIRSCHGARTEN

Hirschgarten 1, 80639 München
www.hirschgarten.de
ÖPNV: Haltestelle München Hirschgarten

1720 wurde an der Stelle, an der sich heute der Hirschgarten befindet, eine Fasanerie angelegt. 1780 wurde Freiherr Johann Theodor von Waldkirch, der Oberstjägermeister von Kurfürst Karl Theodor, beauftragt, hier ein Jagdrevier für den Adel anzulegen. Ein Teil des Gebiets wurde eingezäunt, und es wurden Dam- und Edelhirsche ausgesetzt. Karl Theodor, der den Münchnern schon den Englischen Garten zugänglich gemacht hatte, öffnete diese Parkanlage wenig später für die Öffentlichkeit. Begeisterte Parkbesucher blieben nicht lange aus, und 1791 eröffnete hier natürlich auch die erste Gastronomie, das Jägerhaus.

Heute ist der Hirschgarten ein kleiner, hübscher Park mit 40 Hektar Größe, in dem sich ein 150 Jahre alter Baumbestand befindet, dazu Wiesen, Plätze zum Grillen, kleine Hügel, auf denen die Kinder im Winter rodeln können, sowie der größte Biergarten der Welt mit 8.000 Plätzen. Und neben diesem Biergarten gibt es immer noch das Gehege mit den Hirschen. Zum einen ist es wirklich nett, die Hirsche und ihre Rudel aus nächster Nähe zu sehen. Es gibt Futterautomaten, und die Tiere sind so zutraulich, dass sie einem aus der Hand fressen. Zum anderen ist hier im Hirschgarten ein Stück München zu finden, das vom Tourismus weitgehend unentdeckt geblieben ist – und das will man doch mit dem Herzensmenschen auskosten! Hier gehen wirklich Familien mit ihren prall gefüllten Brotzeitkörben hin, denn das macht man im Biergarten eigentlich traditionellerweise so, man bringt sich sein Essen mit, samt Besteck und Tischdecke, und kauft nur die Getränke – damit man es sich auch wirklich leisten kann, beinahe jeden Abend in

den Biergarten zu gehen und Brotzeit zu machen. Für die Kinder gibt es ein Karussell und einen riesigen Süßigkeitenstand. Biergärten entstanden übrigens im 19. Jahrhundert in München, als vor allem untergäriges Bier getrunken wurde. Dieses Bier konnte man nur in der kalten Jahreszeit brauen, da die Gärung bei niedrigen Temperaturen erfolgen musste. Und das Bier selbst musste kühl gelagert werden, damit es nicht schlecht wurde. Daher wurden Bierlager unter der Erde angelegt, oben auf die Erde wurde Kies gestreut, und man pflanzte Kastanien, die heute noch im Sommer Schatten werfen und Kühlung spenden. Und hier konnte man sich Bier kaufen und gleich in einem Krug (damals mit Deckel) nach Hause bringen. Nach und nach wurden Tische und Bänke aufgestellt, und fertig war der Biergarten, des Münchners liebstes Wohnzimmer.

An Regeln sind im Biergarten folgende zu beachten: In München bestellt man ein »Helles« und kein Bier. Pro Maß wird sich circa zehnmal zugeprostet – Bayern entwickeln beim Biertrinken Gruppengefühle! Für Fremde muss zusammengerutscht werden, damit Platz ist: Man stellt sich mit Vornamen vor, prostet sich zu und genießt die Geselligkeit. Der Steckerlfisch wird mit den Fingern gegessen, genauso wie das gegrillte Hendl. Obatzden isst man, indem man einfach die Brezen eintaucht. Und das letzte bisschen Bier, das sogenannte Noagerl, wird im Maßkrug gelassen, weil es abgestanden ist. Noagerlzuzla werden diejenigen genannt, die das Noagerl trotzdem austrinken, und jemanden als Noagerlzuzla zu bezeichnen, ist in Bayern eine wirkliche Beleidigung.

IN DIE STERNE BLICKEN
STERNWARTE MÜNCHEN

Rosenheimer Straße 145h, 81671 München
www.sternwarte-muenchen.de
ÖPNV: Haltestelle Karl-Preis-Platz

Ein Picknick unter einem funkelnden Himmelszelt, während man nach Sternschnuppen Ausschau hält und Sternbilder entdeckt: Wer einen fantastischen Sternenhimmel erleben will, der muss einfach nur auf den Hügel des Olympiaparks klettern, oder?

So einfach ist das leider nicht – bei Nacht ist München hell erleuchtet, und Sterne am Himmel sind nur sehr schwer und vereinzelt erkennbar; die enttäuschten Astronomen nennen das »light pollution«, also Lichtverschmutzung. Ganz anders in der Bayerischen Volkssternwarte: Hier erwartet euch ein unvergesslicher Blick ins Universum. Jeden Abend von Montag bis Freitag wird eine Führung durch die Warte angeboten. Im Planetarium wird ein täuschend echter Sternenhimmel an die Decke projiziert, auf dem ihr die aktuellen Positionen von Sonne, Mond und Planeten beobachten könnt. In aufklärungsreichen Vorträgen werden euch dabei die kosmischen Vorgänge anschaulich nähergebracht. Auf dem Dach der Sternwarte habt ihr aus 35 Meter Höhe einen wunderschönen Blick über Münchens Dächer und bei Föhn sogar bis hin zu den Alpen. Hier befindet sich außerdem das Observatorium, wo ihr durch vier verschiedene Teleskope die Sterne und Planeten betrachten könnt. Zum Abschluss führt die Tour in den Ausstellungsraum, in dem ihr euch in die Welt der Astronomie einführen lassen könnt. Entdeckt zusammen das Weltall und verbringt einen schönen Abend voll kosmischer Energie unterm Sternenhimmel.

Die Geburtsstunde der Sternwarte schlug 1946, als ein Astronom eine Zeitungsanzeige schaltete, in der er andere Sternenfreunde für regelmäßige Treffen suchte. Daraus wuchs eine Gruppe von

Astronomie-Amateuren zusammen, die sich einen Vereinsraum mit sechs Quadratmeter Größe und eine Plattform auf dem Dach eines ehemaligen Luftschutzbunkers in Ramersdorf mieteten. Hier beobachteten die Sternebegeisterten durch ein kleines Fernrohr von 50 Millimeter Optikdurchmesser die Sterne. Die Teleskope, die heute hier stehen, haben immerhin 80 Zentimeter Durchmesser! Die Beobachtungsplattform hat inzwischen 300 Quadratmeter Größe, und über 20.000 Besucher erfreuen sich jährlich an ihrem hier erlangten Wissenszuwachs. Man kann einzelne Räumlichkeiten übrigens auch mieten, beispielsweise den Ausstellungsraum; hier können an einem maßstäblichen Modell Sonne und Planeten studiert werden. Ein kleines Planetarium zeigt außerdem den Lauf der Erde um die Sonne und die Bewegung des Mondes und macht Sonnen- und Mondfinsternis anschaulich. Ein räumliches Modell zeigt die Stellung der Sterne im Weltall. Auf Schautafeln werden aktuelle Themen dargestellt.

Wäre das nicht eine außerordentliche Location für einen Heiratsantrag? Am Valentinstag lädt die Volkssternwarte zum Late-Night-Special ein. In dieser Führung dreht sich alles um Paare am Himmel. Mythologische Sternbild-Liebesgeschichten werden mit allgemein verständlichen Fragen ergänzt: wie Doppelsterne sich verhalten, warum Dreierbeziehungen im Kosmos leicht chaotisch werden und wie verschmelzende Sternreste Gold erzeugen. Wenn ihr die Sternen- und Planetenlehre vertiefen oder gar als Hobby betreiben wollt, eignen sich die regelmäßigen Kurse der Sternwarte, die zusätzliche Informationen zu Astronomie und Sternkunde bieten.

DIE BESTEN PRALINEN BEI ELLY SEIDL

Wer seinem oder seiner Geliebten nicht nur die Sterne vom Himmel holen möchte, sondern ihn auch mit den allerbesten handgefertigten Pralinen verwöhnen möchte, der ist bei Elly Seidl bestens aufgehoben. Seit über 100 Jahren werden hier Pralinen mit den allerbesten Zutaten hergestellt. Unter den 120 Pralinensorten wird bestimmt jedes Schleckermaul fündig! Wie wäre es mit Birnen- oder Bananentrüffel, der Elly-Seidl-Jubiläumspraline, mit Erdbeerbutter, Himbeergeist, Ingwermarzipan oder Kirschsahne? Die Pralinen sind hier eher klassisch gehalten, und die Qualität überzeugt. Die schönste Filiale und zugleich die, die am wenigsten überlaufen ist, befindet sich am Kosttor 2, in unmittelbarer Nähe der Maximilianstraße. Man könnte sich auch eine kleine Schachtel als Wegzehrung kaufen und dann einen Bummel über Münchens Prachtstraße machen. Besonders empfehlenswert sind übrigens die Katzenzungen!

TIPP

KUNST UND COCKTAILS VERBINDEN
CONTAINER COLLECTIVE

Atelierstraße 4, 81671 München
www.containercollective.de
ÖPNV: Haltestelle München Ost

Inmitten von München befindet sich ein besonderes Projekt: das Container Collective, bestehend aus 27 ausgemusterten Übersee-Containern, direkt am Ostbahnhof. Sie bilden schon fast ein Dorf für sich, ein ruhiges Plätzchen inmitten der Großstadt. Klein mag es sein, dennoch gibt es hier einiges zu sehen. Im Container für Modern Art fühlen sich Kunstbegeisterte und kreative Köpfe wie zu Hause. Die mit Graffiti verzierte Blechbox, in dem sich dieses kleine, aber feine Ausstellungshaus befindet, ist ein echter Geheimtipp und schon von außen ein wahres Kunstwerk. Der CoMa beweist, dass man für moderne Kunst nicht nach New York fliegen muss. Im Gegensatz zum Museum of Modern Art ist der Eintritt hier kostenlos, die Kunst aber nicht weniger atemberaubend. Und das ist nicht alles: Wenn ihr Gleichgesinnte treffen oder vielleicht sogar ein paar echten Künstlern bei der Arbeit über die Schulter blicken wollt, dann bietet die whiteBOX den idealen Treffpunkt für Liebhaber von Kunst und Kultur zugleich. Egal, ob Bildhauerei, Fotografie oder Film, bei den offenen Ateliertagen sind hier die kreativsten Köpfe Münchens anzutreffen, und man bekommt einen Einblick in die verschiedensten künstlerischen Prozesse.

In der Bar of Bel Air kann man den Tag wunderbar ausklingen lassen: im warmen Schein der Lampions Cocktails genießen, und das mit einem herrlichen Ausblick auf das ganze Werksviertel. Von der Terrasse aus könnt ihr den Sonnenuntergang beobachten und die Abendstunden gemeinsam auskosten.

ECHT GUTEN JAZZ HÖREN

JAZZCLUB UNTERFAHRT

Einsteinstraße 42, 81675 München
www.unterfahrt.de
ÖPNV: Haltestelle Max-Weber-Platz

Der Jazz wird oft als die klassische Musik Amerikas bezeichnet. Das im Süden der USA entstandene Genre revolutionierte die Musikindustrie und schuf die Basis für eine Reihe von verschiedenen Musikrichtungen. Wer den Spirit von New Orleans einmal in München erleben will, der begibt sich am besten in den Jazzclub Unterfahrt. Denn dieser kann mit seinem »kulturell besonders hochwertigen Live-Musikprogramm« punkten. Hier fühlt sich sowohl die lokale als auch die internationale Jazzszene wie zu Hause. Laut dem US-amerikanischen Jazz-Magazin Down Beat gehört der Club sogar zu einem der »100 great Jazz Clubs« weltweit, denn er bietet nicht nur etablierten Musikern eine Bühne, sondern gibt auch vielversprechenden Nachwuchskünstlern eine Chance, sich einen Namen in der Jazzszene zu machen.

Das breit gefächerte Programm sorgt dafür, dass für jeden Geschmack etwas dabei ist: Mit verschiedenen Länderschwerpunkten wird dabei ein besonderes Augenmerk auf den internationalen Aspekt des Genres gelegt. Je nach Wochentag wechselt der Schwerpunkt – wenn ihr euch nach frischem Wind sehnt, dann besucht den Club am besten sonntags, da finden die Jamsessions für Nachwuchstalente statt. Solltet ihr Lust auf ein eindrucksvolles Klangkonzert haben, schaut am Montag vorbei – da spielen die Big Bands. Die Musik ist immer anders, wenn auch immer gut, aber eine Sache bleibt bestehen: die unvergleichliche Atmosphäre. Während ihr den Künstlern lauscht, könnt ihr gemeinsam leckeres Essen und gutes Bier genießen.

HINTER DIE KULISSEN SCHAUEN
MÜNCHNER KAMMERSPIELE

Falkenbergstraße 2, 80539 München
www.mvhs.de/programm/hinter-den-kulissen.19363/K260450
ÖPNV: Haltestelle Kammerspiele

Wer nach Ideen für das erste Date sucht, der denkt oft zuerst ans Kino oder Theater. Und es kann schon romantisch sein, Seite an Seite in gemütliche Polstersitze gekuschelt eine Vorstellung zu genießen. Eine ideale Location bieten die Münchner Kammerspiele, die zu einem der sehenswertesten Schauspielhäuser der Stadt gehören. Seit über 100 Jahren dient es schon als eines der wichtigsten Theater Münchens und gilt als einziges erhaltenes Jugendstiltheater Deutschlands. Bekannt sind die Kammerspiele für ihre Erschließung neuer Ansätze in der Produktion von Stücken und die enge Zusammenarbeit mit Regisseuren und Kollektiven. Deshalb lohnt sich besonders hier ein Blick hinter die Kulissen.

Die Führung durch das Haus der Münchner Kammerspiele, veranstaltet von der Volkshochschule München, beantwortet alles, was ihr schon immer über die Welt der Schauspielkunst wissen wolltet: von der Idee für ein Theaterstück über die Planung bis hin zur Umsetzung. Dabei geht es nicht nur um die gängigsten Bereiche wie den Regisseur oder die Darsteller; es geht auch um Theaterberufe, die im Hintergrund agieren und dadurch oftmals übersehen werden. Was muss man als Bühnen- oder Maskenbildner für Eigenschaften mitbringen? Und was ist ein Inspizient? Ein Theater gleicht oft mehr einer Familie als nur einer Arbeitsgemeinschaft, und das wird bei dieser Führung schnell klar. Bei euren zukünftigen Theater-Dates verschaffen euch diese Informationen eine neue Perspektive für Analyse und Interpretation der Stücke!

KULTURGESCHICHTSPFADE ENTDECKEN
MUSEEN & SCHLÖSSER IN BAYERN

Infopoint Museen & Schlösser in Bayern, Alter Hof 1, 80331 München
www.muenchen.de/kgp
ÖPNV: Haltestelle Nationaltheater

München ist: der Stachus, die Frauenkirche, das Oktoberfest, der Olympiapark. München ist aber auch: der Neuhofener Berg, der Sinti und Roma Platz, Väterchen Timofeis Ost-West-Kirche – und noch so viel mehr. Kreative Vorschläge für »münchenweite« Entdeckungstouren, wie es Oberbürgermeister Reiter im Vorwort der Hefte ankündigt, finden sich in den vom Kulturreferat herausgegebenen KulturGeschichts-Pfad-Bänden. Diese Bücher bieten Empfehlungen für Rundgänge, die sich nicht ausschließlich auf die bekannten Sightseeinghighlights konzentrieren, sondern auch die verborgenen Elemente der geschichtsträchtigen Viertel Münchens in den Vordergrund rücken. Sie sind so spannend und interessant, dass sie nicht nur für Touristen, sondern auch für echte Münchner Kindl und »Zuagroaste« gewinnbringend sind. Wieso heißt das Westend »Schwanthalerhöhe«? Ist Untersendling auf dem Sendlinger Oberfeld? Wann wurde die Maxvorstadt geplant? Die Maxvorstadt wurde geplant? Und sie gehört eigentlich gar nicht zu Schwabing? Diese Fragen und viele mehr werden auf den wunderschön konzipierten Routen, die dann – zusammen mit dem Lieblingsmenschen – zu Fuß oder mit dem Drahtesel zurückgelegt werden können, aufgeworfen und beantwortet.

Sie können im Infopoint der Museen und Schlösser umsonst in Form von handlichen und sehr feinen Broschüren abgeholt, online abgerufen oder in der München SmartCity App studiert werden. Fast alle der 25 Stadtbezirke sind bisher in den Genuss eines solch tollen

Stadtführers gekommen – nur vier warten noch auf ihre Verwirklichung. Mindestens genauso spannend sind die ThemenGeschichtsPfade aus der gleichen Reihe. Für Geschichtsfreaks, die sich näher mit dem dunkelsten Kapitel der Stadt auseinandersetzen wollen, sind

der »Geschichtliche Rundgang vom Marienplatz zum Königsplatz« und »Orte des Erinnerns und Gedenkens«, die zwei Publikationen zur Zeit des Nationalsozialismus, bestimmt etwas. Ihr wollt euer Wissen zur Wissenschaftsstadt München auffrischen? Begebt euch auf die Spuren der hiesigen Forscher und Nobelpreisträger. Auch Rundgänge zur Frauenbewegung und der Geschichte der Schwulen und Lesben der Stadt finden sich im Portfolio – die hätten Anita Augspurg, Juristin, Frauenrechtlerin und Namenspatronin des städtischen Preises für Gleichberechtigung, mit Sicherheit auch gefallen. Und wie viel Ahnung habt ihr von Ziegeln? Beinahe gar keine? Dann holt euch die Edition »Ziegeleien im Münchner Osten«.

Durch die Bank sind diese Broschüren von kompetenten Autoren konzipiert und äußerst ästhetisch aufs Papier gebracht – und praktisch sind sie auch: In jedem Heft sind zwei detaillierte Lagepläne zur Orientierung im Stadtbezirk, versehen mit den wichtigsten Kennzeichnungen. Viel Spaß bei diesen äußerst lehrreichen und malerischen Touren durch die bayerische Landeshauptstadt!

EINEN PLATZ BESUCHEN, DEN ES GAR NICHT GIBT

Den Richard-Feynman-Platz findet man garantiert in keinem Reiseführer – da es ihn eigentlich überhaupt nicht gibt. Aber von vorne. Richard Feynman war ein theoretischer Physiker, der unter anderem durch Entdeckungen und Veranschaulichungen in der Quantenphysik Weltruhm und einen Nobelpreis erlangte. Doch was hat er mit München zu tun? Es ließen sich tatsächlich einige der schlausten Köpfe der Welt in der Nähe der Isar nieder, der US-Amerikaner Feynman war aber keiner von ihnen. Ein hiesiger Physiklehrer aus dem Stadtteil Lehel schuf die Verbindung. Er fand, dass die Kreuzung von Kanalstraße und Mannhardtstraße – auf einem Straßenatlas oder aus der Luft betrachtet – eine erstaunliche Ähnlichkeit mit den Feynman-Diagrammen aufweist. Also schnappte er sich kurzerhand ein selbst gemachtes Straßenschild und benannte die Ecke eigenhändig um. Einige Zeit blieb das Schild von den Behörden unentdeckt – bevor es abmontiert wurde. Zu große Verwirrung konnte die illegale Doppelbenennung im Ernstfall stiften. Die Straßen ähneln aber natürlich noch immer dem berühmten Diagramm aus der Welt der Teilchen und sind auch ohne Schild zu finden, was die Physikbegeisterten unter den Besuchern am meisten freut.

TIPP

TANZENDEN PUPPEN EINEN BESUCH ABSTATTEN
MARIONETTENTHEATER KLEINES SPIEL

Neureutherstraße 12, 80799 München (Eingang Arcisstraße)
www.kleinesspiel.de
ÖPNV: Haltestelle Nordendstraße

Wer einmal Theater der anderen Art erleben will, dem sei das Kleine Spiel empfohlen. Seit 1947 lädt es Zuschauer zwischen 14 und 104 dazu ein, sich davon zu überzeugen, wie anregend Figurentheater sein kann. Dieses mit beinahe 75 Jahren älteste noch existierende Privattheater in München zeigt jeden Donnerstag um 20 Uhr (außer in den Schulferien) Marionettenstücke für Erwachsene. Gegründet wurde das Kleine Spiel am 7. Februar 1947 in einer Atelierwohnung in München-Schwabing und es war das erste Theater, das in München nach dem Zweiten Weltkrieg den Betrieb aufnahm. Noch immer sind die Puppenspieler, Figurenbauer und Sprecher ehrenamtliche Theatermacher. Die Vorstellungen kosten keinen Eintritt – eine Spende in den Zylinder ist jedoch erwünscht. Im Laufe der Zeit waren hier einige bekannte Persönlichkeiten als Autoren oder Spieler beteiligt; so schrieb Tankred Dorst seine Stücke für das Kleine Spiel, auch Wilhelm Killmayer und Michael Ende sind hier zu nennen.

Das Kleine Spiel lebt von der studentisch-improvisierten Atmosphäre und ja, die Bänke sind nicht bequem, aber das Siebziger-Jahre-Flair und die geistreichen und charmant inszenierten Stücke sind etwas Unbequemlichkeit schon wert! Gegeben wird abwechselnd unter anderem »Volpone«, eine Erbschleicherkomödie von Ben Jonson und Stefan Zweig, »A Trumpet for Nap« – der »Aufstieg und Fall eines Tellerwäschers« von Tankred Dorst, »Der gute Mensch von Sezuan«, ein episches Lehrtheater von Bertolt Brecht, und viele andere Stücke mehr.

EINE BRAUEREIFÜHRUNG MACHEN

BAYERISCHE STAATSBRAUEREI WEIHENSTEPHAN

Alte Akademie 2, 85354 Freising
Anmeldung unter: www.weihenstephaner.de/allgemein/kontakt
ÖPNV: Haltestelle Freising

Im Biergarten sitzend, ein frisch gezapftes Helles in der Hand – so sieht der Idealzustand in den Augen eines Bayern aus. Die Menschen hier sind ihrem Lieblingsgetränk, dem Bier, stärker verbunden als anderswo. Und das merkt man nicht nur an der Anzahl an etablierten Brauereien in Bayern. Auch neue Brauereien werden in diesen Gefilden immer noch gegründet und finden großen Anklang. Einige der Eingesessenen haben mittlerweile Weltruhm erreicht, sie gehören zu den berühmtes-

ten Bierbrauern und Marken mit dem größten Wiedererkennungswert. Eine davon ist die Bayerische Staatsbrauerei Weihenstephan. Vor den nördlichen Toren Münchens erhebt sich in Freising der Weihenstephaner Berg, von den Hiesigen liebevoll »Nährberg« genannt. Auf diesem steht, wunderschön gelegen, das Kloster, das die Brauerei beherbergt. Die Benediktinermönche erhielten mutmaßlich bereits im Jahre 1040 das Recht, in Freising Bier auszuschenken. Diese lang zurückreichende und ausgeprägte Expertise beeindruckte auch die Technische Universität München so sehr, dass sie ihr Wissenschaftszentrum für Ernährung, Landnutzung und Umwelt in unmittelbarer Nähe ansiedelte.

Um dieses Kulturgut näher kennenzulernen, empfiehlt sich eine Brauereiführung. Nach einer Anmeldung lernt man in 120 Minuten alles über Herstellung und Historie, für elf Euro bekommt man nicht nur eine Brezen, sondern darf auch sein Glas nach der Bierprobe behalten – damit kann man seinem Lieblingsmenschen nicht nur in Freising, sondern auch zu Hause zuprosten!

MIT KUNST MEDITIEREN
ALTE PINAKOTHEK

Barer Straße 27, Eingang Theresienstraße, 80333 München
www.pinakothek.de/besuch/alte-pinakothek
ÖPNV: Haltestelle Pinakotheken

Die Alte Pinakothek ist eine der bedeutendsten Gemäldesammlungen der Welt. Ui, hier bei uns, mitten in München, welch großes Glück! In 47 sogenannten Kabinetten und 19 Sälen werden 700 der mehrere Tausend Objekte umfassenden Sammlung ausgestellt. Ob Albrecht Altdorfers »Schlacht bei Issus«, Albrecht Dürers »Selbstbildnis im Pelzrock«, Tizians Porträt von Kaiser Karl V., die großen Gemälde von Peter Paul Rubens oder die Bilder von Hieronymus Bosch: Das Herz aller Kunstbegeisterten schlägt hier höher! Und die Alte Pinakothek ist ein wahres Herzstück Münchens, denn die Geschichte ihrer Sammlung ist eng verknüpft mit der Geschichte ihrer Herrscher, und es ist sehr aufschlussreich, sich damit zu beschäftigen. Kunstbegeistert waren die in München herrschenden Wittelsbacher nämlich fast alle, was man der Sammlung anmerkt: Schätze über Schätze. König Ludwig I. von Bayern (der nach einer Affäre mit Lola Montez 1848 abdanken musste) war ein leidenschaftlicher Kunstsammler. Um 1820 entschied er, seine und die von seinen Vorfahren gesammelten Schätze der Öffentlichkeit zugänglich zu machen, und beauftragte seinen Hofarchitekten Leo von Klenze mit dem Entwurf einer würdigen Kunstgalerie. 1826 begannen die Arbeiten daran. Zur Zeit ihrer Fertigstellung galt die Alte Pinakothek als größter Museumsbau der Welt und war ein Vorbild für andere Museen.

Die lange Abfolge von Sälen, alle durch Oberlicht beleuchtet, verleiht dem Haus ein unnachahmliches Flair. Sehr anrührend ist, dass man die im Zweiten Weltkrieg zerstörten Teile mit schlichten Ziegeln ergänzt hat, sodass die »Kriegswunden« zu sehen sind und den Betrachter

ermahnen. Aber lassen wir Geschichte, Herrscher und Architekten heute mal beiseite: Ich würde vorschlagen, sich bei einem Besuch der Alten Pinakothek mit dem Herzensmenschen einfach nur Anmut und Schönheit zu widmen. Glaubt man an Kraftorte, dann muss die Alte Pinakothek ein ganz gewaltiger sein: all die Leidenschaften der Künstler, das Streben, das Können, der Ehrgeiz, die Liebe, die Wut, der Neid und der Hass, all die Gefühle, die in diese Gemälde eingeflossen sind. Und man meint doch, die positiven Schwingungen in der hier geballten Kreativität zu verspüren!

Zur eingehenden Kunstmeditation empfehle ich das Bildnis »Junger spanischer Edelmann« von Diego Rodríguez de Silva y Velázquez. Setzt euch auf die gegenüberliegende Bank und vertieft euch in das gute

Aussehen des Porträtierten wie in das darstellerische Können des Meisters. Das Bildnis (89,2 × 69,5 Zentimeter) des jungen Mannes ist unvollendet: Seine Hände sind nur als Kontur in schwarzen, fahrigen, breiten Strichen angelegt, die Kleidung ist nicht präzise ausgeführt, und der Hintergrund reicht nicht bis an die Figur heran. Vielleicht ist es gerade dieses Unvollendetsein, das das Gesicht des Jünglings so eindrucksvoll aus dem Bild herausleuchten lässt. Der Blick des Porträtierten spricht Bände, stolz, ein wenig herausfordernd blickt er den Betrachter an, die rechte Hand lässig in die Seite gestützt. Was denkt ihr über ihn? Sympathisch? Ein wenig überheblich? Vertieft euch in das Bild und besprecht eure Eindrücke, ihr werdet sehen, dass ihr so ein ganz besonderes Kunsterlebnis haben werdet.

STILL SITZEN

NICHTS TUN

DER FRÜHLING KOMMT

DAS GRAS WÄCHST

(AUS DEM ZEN-BUDDHISMUS)

BIER TRINKEN IM EHEMALIGEN TRÖPFERLBAD

DAS BAD

Bavariaring 5, 80336 München
www.dasbad089.de
ÖPNV: Haltestelle Theresienwiese

In dem denkmalgeschützten Haus am Bavariaring 5 eröffnete 2018 eines der kleinsten Wirtshäuser Münchens (Platz ist für 99 Menschen), nämlich »Das Bad« im ehemaligen Tröpferlbad. Das Gebäude entstand 1894 nach Plänen des Münchner Architekten Hans Grässel. 37.381,94 Goldmark hat das Brausebad damals gekostet. Das öffentliche Bad war für die Bewohner der Schwanthalerhöhe gedacht, denn die Wohnungen in diesem Arbeiterviertel hatten meistens keine Badezimmer. Badezimmer hatten damals sowieso nur die Schönen und Reichen, die anderen Menschen mussten in ein öffentliches Bad gehen. Die in Bayern und Österreich übliche Bezeichnung dafür war Tröpferlbad – wohl, weil die Armaturen stets ein Tröpfchenkonzert vollführten? Nach Ende des Zweiten Weltkriegs war das Bad eine öffentliche Toilette.

Die Edith-Haberland-Wagner-Stiftung hat das Gebäude sanieren und umbauen lassen: Man sitzt um den runden Tresen herum, und hinten in der Gaststube gibt es einen zweistöckigen Brotbackofen, der stets den Duft von gebackenen Brezen verströmt. Die verwendeten Kupferelemente erinnern daran, dass das Ganze früher ein öffentliches Bad war. Es gibt zur Straße hinaus einen Gassenverkauf, an dem man zwischen 9 und 23 Uhr Würstel, Brezen und Bier kaufen kann. Das Wort »Bedürfnisanstalt« haben die Wirte umgedeutet: Der Mensch hat eben ein Bedürfnis nach Brezen, Würsteln und Bier. Und wer diese Grundbedürfnisse zusammen mit einem guten Freund oder einer guten Freundin stillen möchte, der ist hier an der richtigen Adresse.

HISTORISCHE FLUGGERÄTE INSPIZIEREN
FLUGWERFT SCHLEISSHEIM

Effnerstraße 18, 85764 Oberschleißheim
www.deutsches-museum.de/flugwerft
ÖPNV: Haltestelle Oberschleißheim

Seit 1925 öffnet das flächenmäßig größte Technik- und Wissenschafts-
museum der Welt – das Deutsche Museum – beinahe täglich seine
Pforten für Wissbegierige aller Altersklassen. Sein Stammhaus an der
Isar kennt wahrscheinlich ein jedermann. Unbekannter als das Haupt-
gebäude in der Innenstadt ist die sogenannte Flugwerft Schleißheim,
die in einer kleinen Gemeinde im Münchner Norden beheimatet ist.
Die Außenstelle des Deutschen Museums liegt wunderschön eingebettet zwischen der Schleißheimer Schlossanlage – übrigens ein echter
Geheimtipp – und der Start- und Landebahn des dortigen Flugplatzes.
Der Sonderlandeplatz Oberschleißheim ist der älteste noch aktive Flug-
platz Deutschlands, gegenwärtig startet und landet dort auch häufiger
ein Zeppelin oder die Fliegerstaffel der Bayerischen Polizei. Und auf
den Lüften und der Fliegerei liegt der Fokus des Museumsablegers.

Historische Fluggeräte in ihrer ganzen Pracht, von Segelfliegern
über Raketen hin zu Helikoptern sowie deren einzelnen Teilen, wie
Motoren, Propeller oder Triebwerke, können hier aus nächster Nähe
bewundert werden. Ihr seid der Meinung, ihr wärt ein nervenstarker
Pilot geworden und hättet euer Luftschiff immer unter Kontrolle? Dann
beweist euch im Cockpit des Flugsimulators. Für 21 Euro gibt es ein
Kombiticket für das Deutsche Museum, den Verkehrsableger neben
der Theresienwiese und eben die Flugwerft in Oberschleißheim. Der
Clou: Ein Besuch der verschiedenen Museen ist auch an unterschied-
lichen Tagen möglich.

SICH EINEN ABEND SCHICK MACHEN

BAYERISCHE STAATSOPER

Max-Joseph-Platz 2, 80539 München
www.staatsoper.de
ÖPNV: Haltestelle Nationaltheater

Zeit für Superlative! Das Nationaltheater am Max-Joseph-Platz ist der Spielort der Bayerischen Staatsoper, des Bayerischen Staatsorchesters und des Bayerischen Staatsballetts. Die Bayerische Staatsoper gehört zu den weltweit führenden Opernhäusern und ist mit 2.101 Plätzen das größte Opernhaus Deutschlands. Das Nationaltheater gilt mit seinem klassizistischen Inneren als eines der schönsten Theater in Europa. Von außen erinnert das Nationaltheater mit seiner Reihe von korinthischen Säulen an einen griechischen Tempel. Auch im Inneren werden klassisch-griechische Elemente aufgegriffen. Die Bühnenfläche umfasst 2.500 Quadratmeter und ist damit die weltweit drittgrößte Opernbühne. Circa 600.000 Gäste wohnen jährlich den über 450 Veranstaltungen bei, und mit 40 Opern und mehr als 20 Balletten ist das Programm des Hauses eines der international vielfältigsten.

Und genau in diese Welt der Superlative sollt ihr nun euren Herzensmenschen entführen, denn hier eine Oper zu hören, ist wirklich ein unvergessliches Erlebnis: Das Zusammenspiel von Musik, der wunderbaren Inneneinrichtung und auch der Lage des Hauses in der Stadt ergibt eine Mischung, die selten irgendwo so zu erleben ist. Wer mag, kann sich natürlich richtig gute und teure Karten kaufen, aber auch wer nicht so viel Geld ausgeben kann oder will, dem sei ein Besuch der Oper ans Herz gelegt: Es mag im ersten Moment vielleicht merkwürdig klingen, sich eine drei oder vier Stunden dauernde Vorstellung im Stehen anzusehen, aber die Zeit vergeht doch schneller, als man

denkt. Stehkarten gibt es ab neun Euro, aber Achtung! Bitte keine Partitur, oder Hörerplätze nehmen, denn von dort aus sieht man wirklich nichts von der Bühne. Stattdessen vorzugsweise Stehplätze mit Bankerl in der Galerie Mitte links (die Plätze 1–15, 25–35, 37–65) und rechts (die Plätze 2–14, 24–34, 36–66) wählen. Die Karten gehen drei Monate vor der Vorstellung in den Verkauf.

Am Abend selbst gilt es, sich schick zu machen, denn das Münchner Publikum ist eher elegant gekleidet. Einmal in der Oper angekommen, muss man sich ums leibliche Wohl kümmern. Das Haus öffnet eine Stunde vor Vorstellungsbeginn seine wahrhaft prunkvollen Tore, und ich rate, dann zunächst in das Untergeschoss hinabzusteigen und sich ein Glas Sekt für 5,50 Euro oder Bionade für 3,50 Euro zu leisten. Ich empfehle die Selbstbedienung, man kann sich ein Plätzchen an den umstehenden Stehtischen suchen und dort auch wunderbar mit opernbegeisterten Menschen ins Gespräch kommen. Sehenswert ist tatsächlich auch die Damentoilette, denn es gibt hier einen sensationellen, mit Spiegeln und Seidentapeten ausgestatteten Raum, in dem sich die Damen die Nase pudern können. Dann gilt es, sich langsam zu seinen Plätzen zu begeben.

Besonders aufregend ist es, wenn der sechs Meter hohe und 3,6 Tonnen schwere Lüster aus Muranoglas in der Mitte des Zuschauerraums hochgezogen wird. Dann müsst ihr euch nur noch der Musik und der Inszenierung überlassen, die hoffentlich jeder ein wenig nach seinem Geschmack ausgesucht hat. In der Pause sollte man im ersten Stock flanieren gehen, in den zwei ionischen Sälen und im Königssaal, und von hier aus auf den nächtlich erleuchteten Max-Joseph-Platz blicken.

DIE SICHT VOM FRIEDENSENGEL AUS GENIESSEN

Das mag vielleicht erst einmal ein wenig unromantisch klingen, führt doch direkt am Friedensengel vorbei die Prinzregentenstraße. Aber vom Friedensengel aus hat man eine unglaublich tolle Aussicht über die Stadt, die sich lohnt! Zu Füßen der Statue liegt eine schöne Terrasse, und hier lässt es sich sehr gut sitzen und schauen.

Friedensengel? Klingt das nicht einfach wunderbar? Er ist ein Symbol für den friedlichen Zeitabschnitt nach dem Krieg zwischen Deutschland und Frankreich 1870/71. 25 Jahre nach Ende dieses Krieges wurde der Grundstein gelegt, 1899 wurde dann der Friedensengel fertiggestellt und das Denkmal eingeweiht. Der Engel ist übrigens gar kein Engel, sondern stellt die Friedensgöttin Nike dar.

TIPP

»LET'S DO THE TIME WARP AGAIN!«
MUSEUM LICHTSPIELE

Lilienstraße 2, 81669 München
www.museum-lichtspiele.de
ÖPNV: Haltestelle Deutsches Museum

Die Museum Lichtspiele sind Münchens ältestes Kino. Der Filmpalast ist schön gelegen in der Au, in der direkten Nachbarschaft zur Museumsinsel, dem Müller'schen Volksbad und dem Rosenheimer Berg. Das Programm präsentiert sich gut durchgemischt mit Blockbustern aus Hollywood, weniger bekannten Indie-Filmen und Produktionen für Kinder. Die meisten Filme werden in Originalfassung mit deutschen Untertiteln gezeigt. Es gibt aber eine Besonderheit, womit sich dieses Urgestein bereits seit 40 Jahren von der Konkurrenz abhebt. Seit den siebziger Jahren hat sich die erste Zeile des Kinoschildes nicht verändert. In roten Lettern, die wie Blut zu zerlaufen scheinen, wird die »Rocky Horror Picture Show« an der Kinotafel angekündigt und mindestens einmal die Woche gespielt – Weltrekord!

Der Kult, der sich um den Kassenflop bildete, ist unnachahmlich – und das Publikum hat daran maßgeblichen Anteil. In einer Zeit, in der Menschen für ihre sexuelle Freiheit kämpften, haben sich die männlichen Kinobesucher in Lack und Leder aufgebrezelt und sich die Lippen geschminkt. So haben sie die hiesige Gesellschaft geschockt und ein wenig aufbegehrt. Zum Glück mit Erfolg – auch heute kann Mann sich für den Film in Frauenkleidung in Schale werfen. Informiert euch unbedingt, wie und wann ihr euch am Film beteiligen könnt – durch Reinrufen, Wasser spritzen oder Reis werfen. Das macht man auch heutzutage noch genau wie früher – vergesst also auf gar keinen Fall, an der Kasse nach den »Mit-Mach-Packages« zu fragen!

MUSEUM LICHTSPIELE
DAS KULTKINO IN MUENCHEN SEIT 1910
THE ROCKY HORROR PICTURE SHOW
FR UND SA AB 23:00
VIELE KINDERFILME
HAUPTFILME IN OV

MUSEUM *lichtspiele*

THE ROCKY HORROR PICTURE SHOW

a different set of jaws

THE ROCKY HORROR PICTURE SHOW

a different set of jaws

KOSTENLOS KUNST GUCKEN
LOTHRINGER 13

Lothringer Straße 13, 81667 München
www.lothringer13.de
ÖPNV: Haltestelle Rosenheimer Platz

Die Lothringer 13 ist ein Kunstraum, der vom Kulturreferat der Landeshauptstadt München betrieben wird, und zwar bereits seit 1980. Auf einer Ausstellungsfläche von 700 Quadratmetern werden Ausstellungen und Projekte sowohl mit lokalen wie mit internationalen Künstlern realisiert. So wird zum Beispiel alljährlich eine Ausstellung veranstaltet, in der die Förderpreise der Landeshauptstadt München gezeigt werden, etwa für bildende Kunst, Architektur, Design, Fotografie oder Schmuck. Seit 1980 fanden mehr als 200 Ausstellungen statt, darunter mit Künstlern wie Fischli/Weiss, Erwin Wurm oder Per Kirkeby. Das Ganze ist eine Non-Profit-Sache, und der Eintritt für alle Veranstaltungen ist frei. Die Finanzierung speist sich aus Zuschüssen der Landeshauptstadt München und aus projektgebundenen Mitteln und Spenden. Die Lothringer 13 war übrigens früher eine Maschinenfabrikhalle.

Neben der Ausstellungshalle gibt es den Lothringer 13 Rroom, wo Bücher und Magazine ausgestellt werden, aber auch Kunstpublikationen, oft von Kleinstverlagen, die die Ausstellungen ergänzen. Hier findet der Rroomonday mit Aktionen, Vorträgen und Screenings statt. Außerdem gibt es das Lothringer 13_FLORIDA, einen Raum, der für mediale Experimente genutzt wird. Kaffee und Kuchen wird im museumseigenen Kiosk angeboten. Hier kann man wunderbar in Kunstmagazinen schmökern. Wenn ihr mit eurem Lieblingsmenschen einmal innovative Kunst sehen wollt, und das in großartigem Ambiente und umsonst, dann auf in die Lothringer Straße 13.

ROMANTISCHE KÜNSTLER-TRÄUME KENNENLERNEN
WIEDE-FABRIK

Rambaldistraße 27, 81929 München
www.wiede-fabrik.de
ÖPNV: Haltestelle Johanneskirchen

München ist nicht gerade eine Stadt, die durch günstige Mieten, abgeschrabbelte Fabriken und leer stehende, ramponierte Ladengeschäfte besticht, in denen sich Künstler austoben und etablieren könnten. Im Gegenteil: Es ist fast unmöglich, Ateliers und Werkstätten zu finden, wenn man (noch) nicht die großen Erfolge als Künstler feiert. Umso großartiger ist es, dass es die Wiede-Fabrik gibt! Seit Mitte der neunziger Jahre arbeiten hier etwa 25 Künstlerinnen und Künstler in den verschiedenen Ateliers und Werkstätten. Die Wiede-Fabrik, das waren einmal die Wiede-Acetylen-Werke, und in den Ateliers, die jetzt dort eingezogen sind, sind die historischen Industrieanlagen der Fabrik durchaus noch zu erkennen. Aber das macht gerade ihren Charme aus. Hier arbeiten Maler, Konzeptkünstler, Installationskünstler, Fotografen und Bildhauer – in unterschiedlichsten Ausprägungen. In einem Atelier sind noch die Stahlkessel zu bewundern, in der das Acetylen-Gas gespeichert wurde.

Im Februar und im Juli finden jährlich öffentliche Gemeinschaftsausstellungen in der Wiede-Fabrik statt. An diesen Tagen kann man durch alle Ateliers gehen, die wunderbare Kunst betrachten und mit den Künstlern ins Gespräch kommen. Für das leibliche Wohl sorgt der auf dem Gelände beheimatete Weinhandel Groiss mit angeschlossener Gastronomie. Vor allen Dingen, wenn im Winter Schnee liegt, verzaubert dieser Ort mit seiner unheimlich schönen Atmosphäre, zumal an allen Ecken Feuertöpfe stehen und das Ganze sehr hübsch beleuchtet ist.

Der Firmengründer Gottfried Wiede errichtete 1928 auf dem knapp drei Hektar großen Gelände zwischen Rambaldi- und Musenbergstraße in Johanneskirchen seine Fabrik zur Herstellung von Acetylen, einem ungiftigen Gas, das zusammen mit Sauerstoff zum Schweißen gebraucht wird. Durch den Aufschwung des Wirtschaftswunders wuchs die Produktion rasant an, und die Gasflaschen fanden weltweit Absatz. Erst 1985, nach fast 60 Jahren Produktion im Familienbetrieb, war die Konkurrenz so gewachsen, dass sich die Gründerfamilie zur Stilllegung der Fabrik entschloss. Andreas Wiede-Kurz, der die Fabrik von seinem Vater geerbt hatte, dachte nicht daran, sein Erbe zu verkaufen, und das, obwohl es sicherlich buchstäblich Millionen wert wäre. In einem Interview mit der Süddeutschen Zeitung sagte er am 5. Februar 2009: »Ich habe nichts davon, wenn der Ertrag sehr groß ist, aber kein Sinn oder keine Freude mehr da ist. Und wenn Sinn und Freude überwiegen, kann der Ertrag ruhig ein wenig geringer ausfallen.« Was für ein Wunder und was für ein Glück! Die Wartelisten für die Ateliers sind lang, natürlich wollen viele Künstler in diesem Paralleluniversum eine Heimat finden. Andreas Wiede-Kurz ist für alle Richtungen offen, aber er möchte, dass die Künstler der Welt wirklich etwas zu sagen haben. Und natürlich möchten die Künstler, die hier ein Atelier haben, nie mehr weg.

Die Wiede-Fabrik ist nur 200 Meter vom S-Bahnhof Johanneskirchen entfernt und damit circa 20 Minuten vom Marienplatz. Der Herzensmensch, mit dem ihr die Wiede-Fabrik besuchen könnt, muss nicht Künstler sein, es muss nur jemand sein, der sich an einem solchen Konzept erfreut und ein bisschen von einer alternativen Lebensform träumt …

TRACHTEN KAUFEN MIT DER BUSENFREUNDIN

Wo geht man nun eigentlich hin, wenn man sich ein richtiges Dirndl, ein schönes, ein gescheites Dirndl und keines von diesen Plastik-Mini-Touristen-Kleidern kaufen will? Was, wenn man die beste Freundin dabeihat, ein sehr aufregendes und vergnügliches Unterfangen sein kann und in München nun einmal früher oder später sein muss! Da gehen natürlich die Meinungen weit auseinander: hochpreisig – Lodenfrey und Ludwig Beck; gestanden bürgerlich – Kaufhof am Stachus; demokratisch – beim Angermaier. Trachten Angermaier gibt es seit über 70 Jahren! Und hier gibt es wirklich Trachten für alle, egal, ob klassisch oder extravagant, und zudem die erste nachhaltig und fair produzierte Trachten-Kollektion. Und vom Angermaier kann man zu Fuß zur Wiesn laufen, wenn man dann hübsch ausstaffiert ist.

TIPP

URBAN ART BEWUNDERN
MUCA

Hotterstraße 12, 80331 München
www.muca.eu
ÖPNV: Haltestelle Marienplatz

Street-Art ist allgegenwärtig und als Kunstform des 21. Jahrhunderts ein global gefeiertes Phänomen. Dennoch ist sie immer noch nicht so recht im Kunstdiskurs angekommen, auch wenn jetzt die ersten Museen eröffnet werden, die sich ganz diesem Thema widmen, so auch in München: Das MUCA Museum of Urban and Contemporary Art möchte hier einen Beitrag leisten und die Street-Art in die Kunstgeschichte einschreiben sowie eine Brücke zwischen Künstlern, der Öffentlichkeit und dem internationalen Fachpublikum schlagen. Street-Art sollte auch Platz in Museen finden!

Unter Street-Art versteht man Graffiti, Schablonenkunst, geklebte Plakate und vieles mehr. Diese Kunstformen finden auf 2.000 Quadratmeter Fläche im MUCA ein Zuhause in einem sehr reduzierten Raum; und das nicht irgendwo, sondern mitten im Herzen der Altstadt, in einem früheren Umspannwerk der Stadtwerke. Natürlich versteht sich das Museum auch als Ort der Begegnung! Die Fassade des Museums hat der deutsche, in Berlin ansässige Graffiti-Künstler Stohead gestaltet: Der Museumsbesucher betritt durch eine kalligrafisch gestaltete Fläche die Ausstellungsräume. Passend zum Museum und der hier gezeigten Kunstform gibt es auch ein Restaurant, das sich bezeichnenderweise Mural (Wandgemälde) nennt. Die Tagesbar bietet ab 12 Uhr mittags kulinarische Köstlichkeiten und wunderbaren Kuchen. Abends gibt es Fine Dining mit regional-kreativem Schwerpunkt, das Ganze wurde bereits mit einem Michelin-Stern und 15 Punkten im Gault & Millau ausgezeichnet.

LÖWEN STREICHELN BRINGT GLÜCK

Im frühen 17. Jahrhundert ließ Herzog Maximilian I. sein Stadtschloss um den Kaiser- und Kapellenhof erweitern, und seither bewachen Bronzelöwen die Residenz in München. Und Münchner können nicht an den Löwen vorbeigehen, ohne die Schnauze am unteren Ende des Schildes zu berühren, denn das bringt angeblich Glück. Das kommt wohl daher, dass ein Student, der 1848 eine Schmähschrift über den bayerischen König Ludwig I. und seine Affäre mit Lola Montez verfasst hatte, gefasst und vor den König geführt wurde. Zuvor hatte er noch seine Schrift direkt an die Residenz geheftet. Den König beeindruckte dieser Mut, und er begnadigte den Studenten. Er übergab ihm sogar das zuvor auf ihn ausgeschriebene Kopfgeld. Der Student, zurück auf der Straße, konnte sein Glück gar nicht fassen, und die Knie wurden ihm schwach. Da musste er sich an dem Löwen festhalten. Die Münchner reimten sich daher zusammen, dass das Anfassen der Löwen Glück bringt. Heute stehen Repliken dort, aber die bringen bestimmt auch Glück! Also nichts wie hin mit dem Herzensmenschen und ein Foto mit dem Löwen schießen!

TIPP

INSTAGRAM
#LIEBLINGSMENSCHENUNTERWEGS

IHR ENTDECKT MIT DIESEM BUCH EURE STADT NEU?
DANN VERLINKT EUCH UND EUREN LIEBLINGSMENSCHEN
AUF INSTAGRAM:

#LIEBLINGSMENSCHENUNTERWEGS
#LIEBLINGSMENSCHENMÜNCHEN

GLANZ UND GLORIA NICHT NUR AUF DER LEINWAND

GLORIA PALAST

Karlsplatz 5, 80335 München
www.gloria-palast.de
ÖPNV: Haltestelle Karlsplatz (Stachus)

Als Dating-Klassiker schlechthin ist der Kinobesuch quasi das Must-have der Pärchen-Unternehmungen. Und zu Recht! Filme schauen macht einfach immer Spaß, egal, ob mit dem besten Freund, mit Omi oder der neuen Bekanntschaft – Hauptsache, die Filmauswahl stimmt. Ein Kinoerlebnis der Extraklasse bietet der Gloria Palast am Stachus. Man sitzt dort nicht nur in besonders komfortablen Sesseln mit Fußhocker und versenkbarem Tischchen, sondern bekommt überdies Getränke und auf Etageren angerichtetes Fingerfood am Platz serviert.

Gegründet wurde der Filmpalast 1956 von Ilse Kubaschewski, einer Münchner Filmverleiherin und Filmproduzentin, die vor allem durch die Produktion populärer Heimatfilme wie »Grün ist die Heide« oder »Die Trapp-Familie« bekannt wurde. Aber auch die berühmte Verfilmung von Gustav Gründgens Faust-Inszenierung, Fellinis »La Dolce Vita« oder das Historiendrama »Ludwig II.« des Regisseurs Luchino Visconti – mit Helmut Berger und Romy Schneider in den Hauptrollen – gehen auf das Konto der »Kuba«. Mit damals 800 Sitzplätzen (heute 240) war der Gloria Palast in den fünfziger und sechziger Jahren Münchens modernstes Filmtheater. So brachten beispielsweise in die Bühne eingebaute Wasserspiele das Publikum vor Vorstellungsbeginn zum Staunen. Außerdem war Ilse Kubaschewski berühmt für ihre extravaganten Filmbälle, auf denen sich die High Society der Filmbranche und natürlich die Münchner Schickeria traf. Als geschäftstüchtige Unternehmerin produzierte die aus einfachen Verhältnissen stammende Ilse

in der ansonsten von Männern geprägten Branche nicht nur einen Filmhit nach dem anderen, sie hatte es darüber hinaus zur wichtigsten Filmverleiherin des deutschen Nachkriegsfilms gebracht. Für ihre Leistungen wurde ihr unter anderem das Bundesverdienstkreuz verliehen. Da sie sich allerdings mit dem sich verändernden Publikumsgeschmack und insbesondere mit dem Neuen Deutschen Film nicht identifizieren konnte, zog sie sich Ende der siebziger Jahre immer mehr aus dem Filmgeschäft zurück und betrieb nur noch den Gloria Palast. Die meiste Zeit verbrachte sie damals in ihrer Villa am Starnberger See. Dort gründete sie 1994 die »Ilse Kubaschewski Stiftung«, die sich bis heute für eine humane Pflege im Alter einsetzt und in Not geratene Künstler unterstützt. Sie starb 2001 und wurde auf dem Münchner Waldfriedhof bestattet.

Die Stiftung versucht seither neben ihren sozialen Aufgaben auch das Andenken an die fast in Vergessenheit geratene Grande Dame des deutschen Films zu erhalten. So wurde 2012 der Gloria Palast nach umfangreichen Renovierungen in seiner heutigen Form wiedereröffnet und 2019 im Innenhof des Kinos die nach ihr benannte Kubaschewski-Bar ins Leben gerufen, die sich unter dem Slogan »Schampus und Schmarrn« exklusiv diesen beiden Gaumenfreuden verschrieben hat. Nach einem glamourösen Kinobesuch kann man den mondänen Abend dort dann ebenso stilvoll bei Champagner und grandiosen Kaiserschmarrn-Variationen ausklingen lassen. An den Wänden der Bar gibt es übrigens eine großartige Fotografie der Kuba zu entdecken – sie fährt, elegant gekleidet wie immer, mit einem Wasserfahrrad über den von ihr so geliebten Starnberger See.

WEDEKINDS BEERDIGUNG
AUF DEM MÜNCHNER WALDFRIEDHOF

Um den Münchner Waldfriedhof ranken sich so einige Geschichten. Eine davon gibt es über den Schriftsteller Frank Wedekind zu erzählen. Dieser gehörte zur Schwabinger Boheme und war von jeher ein scharfer Kritiker bürgerlicher Scheinheiligkeit und Prüderie. Seine Theaterstücke wurden vom Publikum gefeiert und von den Behörden als sittenwidrig beschlagnahmt. Er war gleichzeitig der meistgespielte und meistzensierte Dramatiker seiner Epoche. Auch seine Beerdigung im März 1918 geriet zum Skandal. Neben Dichterkollegen wie Heinrich und Thomas Mann, Bertolt Brecht und Ludwig Ganghofer mischten sich nämlich zahlreiche Prostituierte unter die Trauergäste. Dem nicht genug, stürzte der Dramatiker Heinrich Lautensack beinahe selbst in das Grab, als er sich durch einen plötzlichen Gefühlsausbruch hingerissen schreiend zu Boden warf. Es war – mit den Worten von Wedekinds Biografen Anatol Regnier gesagt: »Eine letzte große Inszenierung im Wedekind'schen Stil mit Skandal, Pathos, Drama und Lächerlichkeit.«

TIPP

MAL WIEDER INS AUTOKINO FAHREN

Autokino München-Aschheim

Münchner Straße 60, 85609 Aschheim
www.autokino-aschheim.de

Autokino … Wer muss da nicht gleich an James Dean denken, an echte Rebellen, Milchshakes und Coolness? Die Beach Boys schrieben 1964 sogar ein Lied über das Autokino. In ihrem Hit »Drive-in« heißt es: »Everytime I have a date there's only one place to go, That's to the drive in, It's such a groovy place to talk and maybe watch a show. Down at the drive in.« Das Autokino spielte selbst häufig eine Nebenrolle in Filmen. In »Grease« versucht Danny (John Travolta), Sandy (Olivia Newton-John) im Autokino näherzukommen, und auch in »Die Outsider« und in »Zurück in die Zukunft III« gibt es Szenen im Autokino. Ja, Autokinos sind ein Relikt aus einer vergangenen Zeit – und zwar eines, das großen Spaß macht!

1933 erfand Richard M. Hollingshead Jr. das Autokino. Er hatte die Idee, ein Bettlaken vor die Garage zu spannen, einen Filmprojektor auf das Dach seines Autos zu stellen und sich dann, in seinem Auto sitzend, einen Film anzusehen. Was aber ist der Reiz eines Autokinos? Ganz klar, dass man für sich ist, und ich meine damit nicht nur in Bezug auf Knutschen. Nein, man kann sich auch seine eigenen Speisen und Getränke mitbringen, man kann quatschen oder die Füße hochlegen. Jeder hat eine Loge für sich. Hollingshead war von seiner Erfindung begeistert, und einen Monat später eröffnete in Camden das erste Autokino der Welt. 1942 gab es bereits 100 Autokinos in Amerika, und in den fünfziger und sechziger Jahren waren es dann über 4.000. Zu einem richtig schicken Autokino gehörten damals Spielplätze, Swimmingpools, ein Wäscheservice und freundliche Mitarbeiter, die sogar

den Luftdruck der Reifen kontrollierten. In dieser Zeit kam dann die Idee des Autokinos auch in Deutschland an. Bei einer ersten Probe 1954 in Erlangen stiegen die Menschen allerdings aus ihren Autos aus und setzten sich auf die Wiese. Damals schrieb der Spiegel: »In

Deutschland sind die Autos noch nicht, wie in Amerika, die verlängerten Beine der Menschen.« Das muss wohl positiv bewertet werden, auch wenn diese Einstellung den Siegeszug erschwerte.

1960 war es dann so weit: In Deutschland kam das Autokino an. 1.000 Besucher kamen zur Eröffnung des ersten deutschen Autokinos in Gravenbruch bei Frankfurt. Ein Grund für den schnellen Erfolg der Autokinos in Deutschland war auch, dass es die ersten Orte waren, an denen man amerikanisches Fast Food kaufen konnte. Vor allen Dingen bei der Jugend waren sie sehr beliebt, konnte man doch in der sogenannten Love Lane parken, um ungestört knutschen zu können. Inzwischen gibt es nur etwa zehn Autokinos in Deutschland, aber zu Corona-Zeiten feierten sie ein Comeback. Dennoch gibt es hartnäckige Fans, und auch euch sei das Autokino ans Herz gelegt: Menschen, die sich am Retro-Feeling erfreuen, die ihr Auto lieben, Eltern, deren Baby gemütlich auf dem Rücksitz einschlummert, und Hundebesitzern: Denn der Hund ist im Autokino natürlich erlaubt.

Im 1969 eröffneten Autokino Aschheim erwartet euch eine Leinwand von 36 Meter Breite und 15 Meter Höhe, was insgesamt 540 Quadratmeter ausmacht. Der Ton zum Film wird in Stereo über das eigene Autoradio empfangen. Und natürlich gibt es eine Snackbar, die, ganz im Stil der fünfziger Jahre, Burger und Hotdogs anbietet.

RUHE UND ERHOLUNG GENIESSEN IM BLUTENBURGER SCHLOSSPARK

Wer jetzt genug von Autos und Action hat, der möchte vielleicht einen Spaziergang unternehmen. Der Park des Schlosses Blutenburg in München Obermenzing ist immer noch ein Geheimtipp, dabei gibt es hier so viel Interessantes zu sehen: die Blutenburg selbst, in der die Internationale Jugendbibliothek untergebracht ist, die sehr besuchenswerte Schlossschenke und den Park, in dem es unter anderem zahlreiche Skulpturen zu sehen gibt. Vor Weihnachten findet hier ein sehr hübscher Christkindlmarkt samt internationaler Krippenausstellung statt. Im 15. Jahrhundert hat hier übrigens Albrecht III. viel Zeit verbracht und das Schloss um den Pfortenbau mit Wehrmauer und Torturm sowie das Ökonomiegebäude ergänzt. Albrecht war ein Frauenheld und verliebte sich eines Tages in Augsburg in die wunderschöne Agnes Bernauer, die er heiratete. Das fand aber die herzogliche Verwandtschaft überhaupt nicht gut, und Albrechts Vater, Herzog Ernst, ließ Agnes Bernauer ohne Albrechts Wissen vor Gericht stellen und in Straubing von der Donaubrücke in den Tod stürzen.

TIPP

FLIRTEN UNTER DEM GÄRTNERPLATZTHEATER

SALON PITZELBERGER

Gärtnerplatz 3, 80469 München
www.salon-pitzelberger.de
ÖPNV: Haltestelle Fraunhoferstraße

2017 öffnete das renovierte Gärtnerplatztheater seine Tore. Gleichzeitig eröffnete auch – quasi darunter, im Gewölbe desselben – eine ungewöhnliche Bar: der Salon Pitzelberger. Die Bar ist im Art-Decó-Stil eingerichtet und eine Bühne bildet ihren Mittelpunkt. Hier gibt es jeden Donnerstag ab 22 Uhr die »Jazz Salon Night«, wo Jazz (ohne Eintritt!) geboten wird. An den Tagen, an denen kein Live-Jazz geboten wird, werden von alten Vinylplatten Soul oder Swing und auch andere Musikgenres abgespielt, oder die Darsteller des Theaters geben eine Showeinlage am Klavier. Die Theaterbesucher können hier ihre Pause verbringen und die Getränke vorher bestellen. Der Schwerpunkt der Barkultur liegt auf Home-Infused Gin und Wodka.

»Salon Pitzelberger« ist eine Operette von Jacques Offenbach, mit der das Gärtnerplatztheater 1865 eröffnet wurde. Der Eingang der Bar liegt neben den Gärtnerplatztheatertreppen, man muss also nicht durchs Theater hindurch. Bar und Theater liegen an einem der schönsten Plätze der Stadt, nämlich dem Gärtnerplatz, was zu ihrem Charme noch weiter beiträgt: Auf dem 1860 als zentralem Platz in der Isarvorstadt erbauten Gärtnerplatz trifft sich in Sommernächten halb München, um einen Drink zu genießen. Benannt wurde der Platz nach dem Architekten Friedrich von Gärtner, der nicht nur das Gärtnerplatztheater erbaut hat, sondern auch die Münchner Universität, die Ludwigskirche und das Siegestor. In der Bar wird gern geflirtet, es bietet sich also ein Besuch mit der besten Freundin an.

SICH AUF DEN STUFEN DER AKADEMIE WIE EIN STUDENT FÜHLEN

Auf den Stufen des Gärtnerplatzes kann ja jeder sitzen, aber wie sieht es mit den Stufen der Akademie der Bildenden Künste aus? Die Kunstakademie ist ein wunderbarer Bau: Das klassizistische Gebäude direkt am Siegestor wird durch einen modernen Stahl-Glas-Neubau ergänzt.

Hier studierten Otto Dix, Wassily Kandinsky, Lovis Corinth, Giorgio di Chirico, Paul Klee und Max Slevogt.

Im Juli wird die Jahresausstellung der Akademie gezeigt, die sehr sehenswert ist. Im Kiosk im Neubau kann man sich eine Kleinigkeit zu essen und zu trinken holen und sich dann einfach zwischen die Studenten setzen und die Atmosphäre genießen.

TIPP